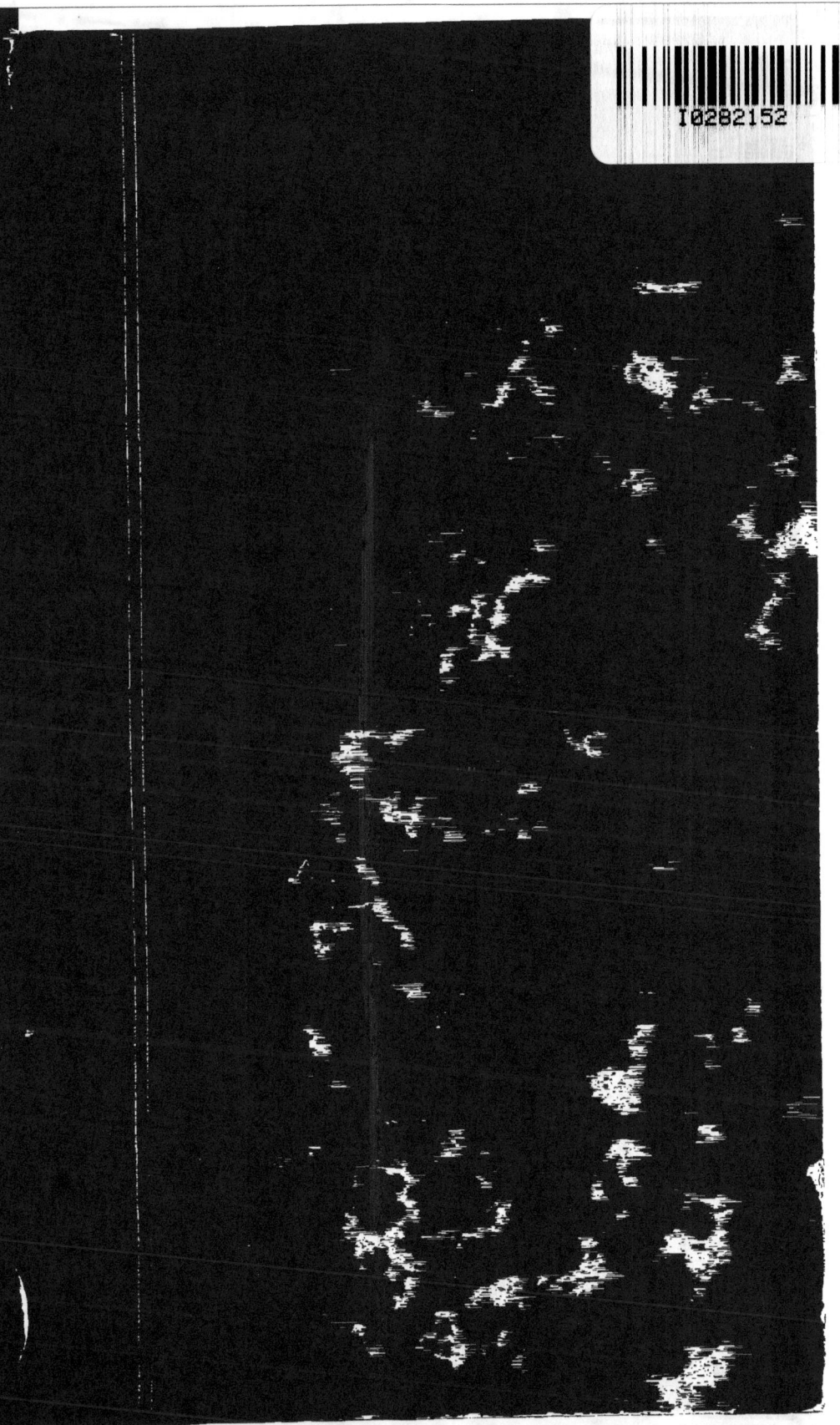

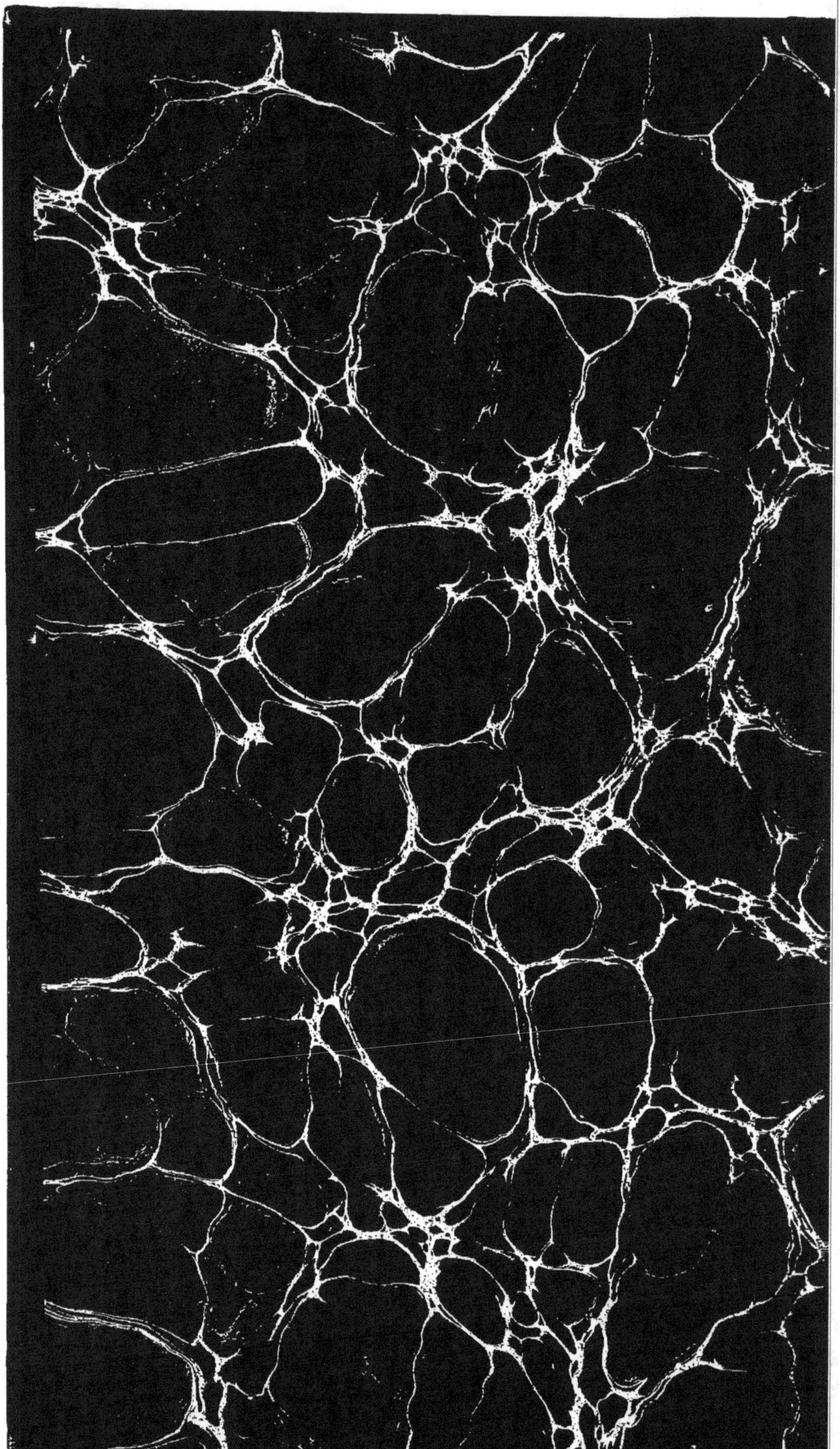

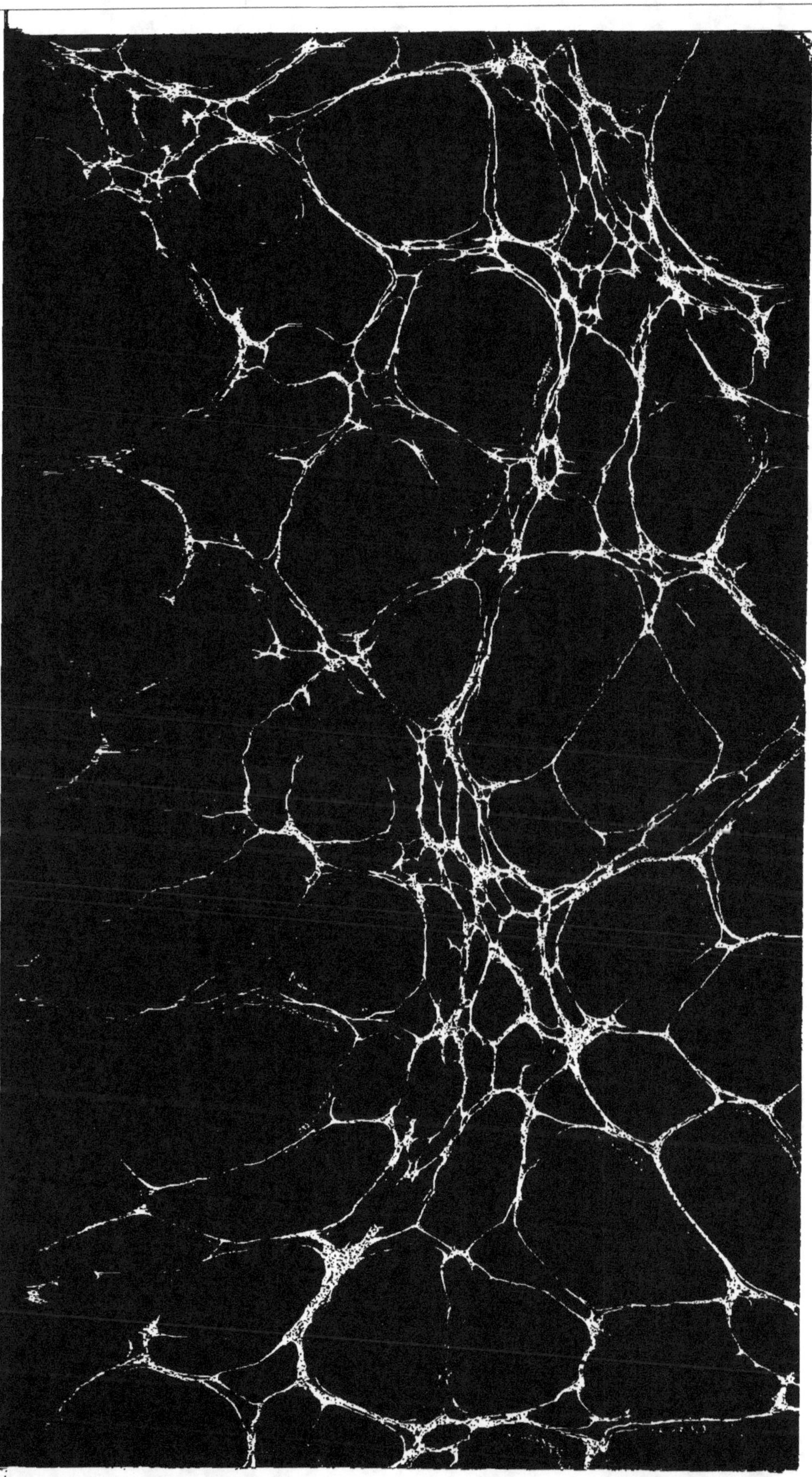

HISTOIRE

DE LA

GUERRE DE LA PÉNINSULE

SOUS NAPOLÉON,

PRÉCÉDÉE

D'UN TABLEAU POLITIQUE ET MILITAIRE

DES PUISSANCES BELLIGÉRANTES.

*

TOME IV.

J. TASTU, IMPRIMEUR ET ÉDITEUR,
RUE DE VAUGIRARD, N. 36.

HISTOIRE

DE

LA GUERRE

DE LA PÉNINSULE

SOUS NAPOLÉON

PRÉCÉDÉE D'UN

TABLEAU POLITIQUE ET MILITAIRE

DES PUISSANCES BELLIGÉRANTES

PAR

LE GÉNÉRAL FOY.

PUBLIÉE PAR

Mme LA COMTESSE FOY.

. . . *Quæque ipse miserrima vidi.*
VIRG.

PARIS

BAUDOUIN FRÈRES, ÉDITEURS,

RUE DE VAUGIRARD, N. 17.

*

1827

HISTOIRE

DE LA

GUERRE DE LA PÉNINSULE

SOUS NAPOLÉON.

LIVRE SIXIÈME.

INVASION DE L'ESPAGNE.

SOMMAIRE.

L'Empereur Napoléon convoque à Bayonne une Junte extraordinaire de notables espagnols. — Projets de l'Empereur relatifs à la couronne d'Espagne. — Caractère et disposition de Joseph Bonaparte. — Arrivée de Joseph à Bayonne. — Nouvelle Constitution de la monarchie espagnole. — Nominations faites par Joseph. — Il entre en Espagne. — Il est proclamé roi à Madrid. — Le grand-duc de Berg est remplacé dans le commandement en chef par le général Savary, duc de Rovigo. — La division Vedel va en Andalousie. — Expédition de Cuenca. — La division Frère, envoyée à San-Clemente, communique avec le corps du maréchal Moncey. — Concentration des troupes françaises sur Madrid avant la bataille de Medina de Rio-Seco. — L'Empereur quitte Bayonne. — Réflexions sur la position d'Andujar occupée par le général Dupont. — Combat de Jaën. — La division Gobert va en Andalousie. — Formation et progrès de l'armée espagnole d'Andalousie. — Engagemens sur le Guadalquivir. — Mouvement de la division Vedel d'Andujar sur Baylen. — Vedel à la Caroline, et Dufour à Santa-Elena. — Dupont se résout à quitter la position d'Andujar. — Les divisions espagnoles de Reding et de Coupigni passent le Guadalquivir. — Journée de Baylen. — Opérations particulières des divisions Vedel et Dufour pendant la journée de Baylen. — Armistice et négociations entre les Français et les Espagnols. — Intervention du général Marescot dans les conférences. — Situation du général Vedel pendant la négociation. — État déplorable où sont réduites les troupes du général Dupont. — Vedel se retire vers la Sierra-Morena. — Convention d'Andujar. — Sort des troupes comprises dans cette convention.

LIVRE SIXIÈME.

INVASION DE L'ESPAGNE.

Lorsque Napoléon s'éloigna de sa capitale au commencement du mois d'avril, il avait le projet d'aller à Madrid. Ferdinand lui épargna la moitié du chemin. L'Empereur jugea qu'il était inutile d'aller plus loin. C'est de Bayonne qu'il parla à la nation espagnole. C'est à Bayonne que fut convoquée l'assemblée ou Junte extraordinaire qui devait reformer le gouvernement et assurer la félicité de la monarchie. Peu importait à Napoléon que des patriotes scrupuleux blâmassent cet oubli des convenances, et frappassent d'avance de nullité les actes d'une assemblée tenue hors du territoire de la nation. Après s'être joué, comme il l'avait fait, de la morale publique dans les conférences avec la famille royale d'Espagne, une irrégularité de plus ne pouvait l'arrêter.

L'Empereur ordonna que l'assemblée de notables ou Junte extraordinaire fût de cent cinquante membres choisis dans le clergé, la noblesse et le tiers-état, *Estado general*. La Junte suprême de gouvernement régla les détails d'organisation, de manière à la rapprocher autant que possible de la forme des anciennes cortès. Les villes ayant vote aux cortès, les provinces privilégiées, les cinq conseils suprêmes de la monarchie, les trois universités de Salamanque, Valladolid et Alcala, les chambres et compagnies de commerce eurent l'ordre de nommer leurs députés, avec le droit d'étendre leurs choix bien au-delà de ce qui était fixé par les anciennes lois du royaume. On prit parmi les Espagnols américains qui se trouvaient en ce moment sur le territoire de la mère-patrie, six personnes représentant l'Amérique. Deux archevêques, six évêques, six généraux d'ordre furent nommés pour représenter le clergé, en commun avec seize chanoines nommés par les chapitres métropolitains et vingt curés à la nomination des évêques diocésains. Dix grands d'Espagne et dix hommes titrés, *titulos de Castilla*, furent désignés nominativement pour la haute noblesse, deux officiers-généraux pour la marine, six officiers-généraux ou supérieurs pour l'armée de terre. On eut soin de comprendre dans la désignation les seigneurs et autres personnages considérables qui étaient déjà à Bayonne. On comptait dans la réunion projetée et les amis de Godoy, et les conseillers de Ferdinand, et les partisans des idées de révolution et de changement, et les hommes les plus attachés aux vieilles institutions. Le choix tomba sur ceux qui, dans toutes les carrières, avaient attiré sur eux le plus de considération pour leurs services, leurs talens ou leurs vertus.

La Junte de gouvernement au nom et par l'ordre du grand-duc de Berg, lieutenant-général du royaume, enjoignit aux députés d'être rendus à Bayonne le 15 juin, jour fixé pour l'ouverture de l'assemblée. On leur recommanda de prendre avant leur départ les renseignemens les plus étendus sur l'instruction publique, l'agriculture, le commerce, la législation, et sur les intérêts particuliers de leurs villes, provinces, ou corporations. Leur mission était de corriger les anciens abus, et de fixer les bases d'une nouvelle constitution. Leur pouvoir n'allait pas jusqu'à choisir un roi; sur ce point, la volonté de l'Empereur était arrêtée. Le décret de convocation de l'assemblée de Bayonne était accompagné d'une proclamation dans laquelle le monarque héritier des droits de la maison de Bourbon annonçait aux Espagnols qu'*il placerait leur glorieuse couronne sur la tête d'un autre lui-même.*

Comme l'origine de la dynastie napoléonienne ne se perdait pas dans la nuit des temps, elle ne croyait pas encore tenir son autorité de Dieu seul. Napoléon avait pris sur l'autel la couronne impériale qu'il s'était fait décerner par les suffrages du peuple français. Une apparence de vœu national devait, par analogie, appeler au trône d'Espagne celui des princes de son sang qu'il y destinait. On espérait captiver l'opinion publique, par l'exposé de tout ce que la nation avait à gagner à remplacer les rois fugitifs par un prince de la famille impériale. Elle conserverait l'intégrité de son territoire, et l'exercice exclusif de la religion catholique. Ses priviléges (*fueros* [1]) seraient

[1] Le mot *fueros* s'entend en général des priviléges et exceptions accordés à un individu ou à une corporation. Dans le sens privatif, il exprime les conditions auxquelles les premiers habitans d'un pays ont consenti à s'y établir. Les villes de la Péninsule auxquelles les rois ou les seigneurs accordaient des *fueros*, passaient du gouvernement des gens de guerre à celui des magistrats élus par les habitans, et étaient aptes à acquérir et posséder des biens-fonds, *propios*. Aujourd'hui encore, ce qui reste aux communes de fonctions municipales, s'appelle *oficios de republica*, par opposition aux emplois dérivant immédiatement de l'autorité royale, *empleos del rey*.

maintenus et augmentés. L'alliance avec la France se resserrant et devenant indissoluble, il ne devait plus y avoir pour l'Espagne d'occasion de troubles intérieurs. C'était le langage des gazettes et des pamphlets officiels rédigés par les agens français à Madrid.

Le 13 mai, le grand-duc de Berg fit savoir à la Junte de gouvernement que Napoléon, ayant résolu de céder ses droits sur la couronne d'Espagne à un de ses frères, il serait agréable à Sa Majesté Impériale d'avoir sur le choix du nouveau souverain l'opinion de la Junte de gouvernement, du conseil royal et suprême, appelé communément conseil de Castille, et des autorités municipales de la ville de Madrid. Une pareille insinuation équivalait à un ordre formel. La Junte ne savait plus qu'obéir. Le conseil de Castille, vieux tribunal, vénéré depuis des siècles, se transmettant de génération en génération le respect de lui-même, était pénétré du sentiment du devoir, mais on ne devait pas attendre de ces vieux magistrats une résolution vigoureuse. C'était quelque chose qu'ils tentassent de séparer le droit du fait, en face de l'étranger armé. Ils voulurent éluder l'invitation qui leur était faite, en alléguant que la compétence du conseil se bornait à décider sur des questions de droit positif. Forcés dans ce retranchement, ils eurent recours à un biais jésuitique beaucoup plus propre à garantir leur sécurité dans un avenir incertain, qu'à servir de règle au devoir du peuple... Ils déclarèrent qu'en supposant admise la validité de l'abdication des princes du sang royal, validité dont ils ne pouvaient être juges, n'ayant pas eu connaissance des traités des 5 et 10 mai, et d'après ce qui avait été résolu par l'Empereur, le roi de Naples paraissait la personne la plus propre à être élevée à cette haute dignité. Puis le conseil nomma, malgré lui, une députation qui porta ce vœu à Bayonne. Le corrégidor et les membres de la municipalité de Madrid s'autorisant des déclarations de la Junte de gouvernement et du conseil de Castille, demandèrent pour roi l'auguste frère du grand Napoléon. Le cardinal primat des Espagnes, un Bourbon, le seul de cette maison qui fût en Espagne, prenant l'avance sans but comme sans contrainte, supplia l'Empereur de voir en lui son plus fidède sujet, de lui faire connaître ses intentions souveraines, et de mettre à l'épreuve sa soumission cordiale et empressée. Aucun des corps, aucun des individus qui se trouvaient sur le territoire envahi, n'eut la force de déclarer qu'à la nation espagnole et jamais à un étranger appartenait le droit de choisir son souverain. L'Empereur feignant de condescendre au vœu exprimé par la Junte d'État, le conseil de Castille et la ville de Madrid, proclama, par un acte du 6 juin, son frère aîné, Joseph Napoléon, roi d'Espagne et des Indes.

Ce prince était loin d'ambitionner une pareille destinée. Il avait quarante ans. Sa figure était gracieuse et ses manières élégantes. Il aimait les femmes, les beaux-arts, la littérature. Aux habitudes de sa vie et à la manière dont il tenait sa cour, on l'eût pris pour un roi des anciennes races; mais sa conversation méthodique et riche d'observations, indiquait une habitude de la parole et une connaissance des hommes qui ne s'acquièrent qu'au sein de l'égalité. Joseph avait été dès l'enfance destiné à courir la carrière des emplois civils. Quand le général Bonaparte s'empara du gouvernement de la République et voulut fonder par l'épée une dynastie nouvelle, il montra son frère aîné aux soldats. Joseph se laissa nommer colonel du quatrième régiment d'infanterie. Il campa à Boulogne et fut embarqué sur la flottille qui effraya l'Angleterre. Napoléon, ayant ceint le diadème impérial, offrit à son frère la couronne de Fer d'Italie. Joseph la refusa; républicain par conviction, il croyait trop aux droits des peuples pour ne pas croire un peu au devoir des rois. Milan était trop près de Paris, pour qu'il pût y vivre en prince indépendant et faire le bien du pays. Plus tard, la branche de la maison de Bourbon qui régnait à Naples, ayant été poussée à sa ruine par les Anglais, Joseph consentit à régner dans ce coin de l'Europe, parce qu'il lui parut plus hors d'atteinte que le reste du continent, de la volonté despotique de Napoléon. D'ailleurs ce beau ciel, cette nation vive et passionnée souriaient à son désir de mener une vie douce au milieu des plaisirs.

Joseph régnait à Naples depuis deux ans. On lui devait une foule de règlemens utiles, quelques efforts pour pacifier les Calabres et le rétablissement de l'ordre dans les provinces septentrionales du royaume. Un souverain facile, bienveillant, généreux, devait plaire à tous ceux que leur rang ou leurs emplois rapprochaient de sa personne. Joseph était persuadé que son peuple l'adorait; sur ce point les rois de toutes les origines sont d'une incorrigible crédulité. Il éprouva un vif serrement de cœur, lorsqu'il fallut s'arracher à ses illusions, à sa tranquillité, à ses travaux commencés, pour recommencer une vie nouvelle; l'ordre de quitter le trône de Naples, pour venir s'asseoir sur le trône d'Espagne, lui fut donné sans l'avoir consulté. Il quitta sa capitale, presque incognito, et sans annoncer qu'il ne devait pas y revenir. Les motifs qui l'avaient porté autrefois à refuser l'Italie et qui l'avaient fait hésiter à accepter la couronne de Naples, se présentaient à son esprit, renforcés des réflexions que l'expérience du gouvernement lui avait suggérées. Le voilà avec son aversion pour le mouvement retombé dans les systèmes immodérés et belliqueux de son frère. Jusqu'à quel point cet avenir turbulent s'accordera-t-il avec le bien être de la nation qu'il doit gouverner? Les Napolitains, accoutumés qu'ils étaient à obéir à des vice-rois, n'étaient pas choqués de voir leur monarque recevoir de Paris des instructions et même des ordres absolus. Mais la fierté espagnole s'accommodera-t-elle d'un esclave couronné?... Cette disposition s'accrut dans l'esprit du prince, en approchant des Pyrénées. Il apprit les événemens du 2 mai.

On lui dit quelque chose de l'insurrection de Sarragoce et des soulèvemens qui éclataient de jour en jour dans son royaume futur. Tout cela augmenta encore ses regrets. Il ne savait pas quelles vues l'Empereur avait sur Naples. Il se regardait toujours comme le souverain de ce royaume, puisqu'il n'avait pas abdiqué. Il prit la ferme résolution d'y revenir, si l'Empereur ne consentait pas à des conditions propres à garantir son honneur et la félicité des peuples.

Joseph arriva à Bayonne le 7 juin quelques heures après la promulgation du décret qui le faisait roi d'Espagne et des Indes. L'Empereur alla au-devant de lui au-delà des portes de la ville, et le fit monter dans sa voiture. Là il expose avec clarté et véhémence les intérêts politiques qui appellent Joseph au trône d'Espagne. Il lui parle intérêts de patrie et de famille. « Je peux mourir, dit-il ; » Murat qui a un parti dans l'armée, Eugène

» qui, jeune encore, a conquis l'estime de la » nation, se disputeront ma succession avant » que vous puissiez arriver du fond de l'Italie » pour la recueillir. Il ne faut pas que la cou- » ronne de France sorte jamais de notre fa- » mille. Votre place est en Espagne. Là, en » cas de malheur, vous me succédez naturelle- » ment et sans obstacles. D'ailleurs ces arrange- » mens terminent nos querelles de ménage. » Je donne Naples à Lucien. » Ce dernier trait porta un coup sensible au cœur de Joseph. Il avait pour son frère Lucien autant de tendresse que d'éloignement pour son beau-frère Murat. Cependant la voiture entrait dans la cour du château de Marrac. L'impératrice Joséphine accompagnée de ses dames d'honneur descend à la rencontre du Roi jusque sur l'escalier du palais; il entre dans les salons. Les grands d'Espagne l'y attendaient. Ils baisent ses mains, le haranguent, le saluent comme leur souverain, avant même qu'il ait eu le temps de consentir à l'être.

Tous les députés à la Junte extraordinaire n'étaient pas encore arrivés à Bayonne. L'Empereur en avait appelé d'avance quelques-uns, tels que Azanza, Urquijo, Mazaredo, pour entendre leurs observations sur la constitution qu'il se proposait de donner à l'Espagne. Il chargea Azanza d'écrire des lettres circulaires aux colonies d'Amérique, pour leur notifier le changement de dynastie; celui-ci lui indiqua le lieutenant général Gregorio de la Cuesta pour vice-roi du Mexique, comme le plus propre par la fermeté de son caractère à rattacher les colonies à la métropole dans une crise qu'il était facile de prévoir. L'Empereur désira aussi que les notables de l'assemblée usassent de toute leur influence sur la nation espagnole, pour calmer l'esprit de rébellion qui commençait à se manifester. Cela fut cause de la démarche inutile d'une députation présidée par le prince de Castel-Franco, envoyée aux habitans de Saragoce, et de la proclamation non moins inutile, par laquelle les députés de la Junte extraordinaire invitaient leurs compatriotes à réprimer les efforts des séditieux qui voulaient plonger leur patrie dans l'abîme.

Au 15 juin, jour fixé pour l'ouverture de la Junte extraordinaire, il n'y avait à Bayonne que quatre-vingt-six députés; il ne devait pas y en arriver davantage. Quelques-uns, comme le vertueux évêque d'Orense, regardant cette convocation comme illégale dans sa forme et dans son objet, refusèrent de s'y rendre. D'autres s'arrêtèrent en chemin ou furent retenus dans leurs foyers par l'insurrection. De ce nombre furent les députés de la Galice, le bailli Antonio de Valdès qui, au contraire, présida la Junte insurrectionnelle de Léon, l'archevêque de Laodicée qui présida celle de Castille, et plusieurs autres.

Néanmoins l'assemblée s'ouvrit au jour marqué. Don Miguel-Josef de Azanza en fut le président, et don Mariano-Luis de Urquijo secrétaire. Ce serait sans doute un abus de la parole, que de comparer un pareil rassemblement à ces assemblées augustes d'un pays dont les membres, appelés à voter constitutionnellement, n'ont que deux guides à suivre, leur conscience et la patrie. Mais il est de vérité que les membres de la Junte extraordinaire de Bayonne purent émettre leurs opinions avec la plus entière liberté. On leur lut un projet de constitution envoyé par l'Empereur. Deux commissions furent nommées pour présenter les modifications qui seraient jugées convenables. Le duc de l'Infantado, appuyé par le duc d'Ossuna et par le marquis de Santa-Cruz, défendit la splendeur de la haute noblesse attaquée par les restrictions proposées au régime du majorat. Le père Miguel de Acevedo, général des Franciscains, demanda la conservation des ordres religieux. L'inquisition elle-même eut un avocat dans la personne de don Raymundo Etenhard y Salinas. Après onze sessions, la constitution fut achevée. Le Roi et les députés jurèrent sur l'Évangile, l'un de gouverner l'État suivant la constitution, les autres d'être fidèles au Roi.

Lorsque quatre-vingt-six citoyens choisis dans l'élite d'une nation, et animés de sentimens religieux, proféraient sur l'Évangile un serment solennel, sans doute il n'y avait pas de restriction mentale. La plupart d'entre eux n'avaient pas, il est vrai, retiré leur affection et leur respect à la race des anciens rois. La politique déloyale qui avait enlevé le sceptre à Ferdinand, leur faisait horreur; mais c'était sans eux et malgré eux que la dynastie avait été changée. On ne leur demandait pas de sanctionner des droits qu'on jugeait assez colorés par les traités, assez garantis par la force. Leur tâche était seulement de faire tourner au bien du pays, les changemens opérés par la force. La nouvelle dynastie leur promettait la paix, et plus de considération de la part de la France. Le vasselage déguisé sous le nom d'alliance offensive et défensive à perpétuité sur terre et sur mer, n'était que la continuation de la politique du siècle qui venait de s'écouler, et l'on pouvait espérer avec la dynastie du frère aîné de l'Empereur, plus de considération qu'on n'en avait obtenu sous le règne des Bourbons. Tout imparfaite que fût la constitution de Bayonne, surtout dans les garanties offertes à la liberté civile, c'était un pas énorme dans la carrière des améliorations. Elle établissait l'égalité devant la loi, la publicité de procédure en matière criminelle, la distinction des pouvoirs sociaux. Les cortès devaient se rassembler tous les trois ans; elles étaient peu nombreuses, et leurs attributions restaient dans le vague; mais on sait avec quelle rapidité grandissent les assemblées qui, émanées du peuple directement ou indirectement, prétendent à l'honneur de le représenter. L'Empereur avait évité d'aborder certaines questions délicates, telles que les franchises ecclésiastiques, les ordres religieux, les priviléges des provinces Basques. On n'ôtait pas tout espoir aux mécontens. Le dernier article de la constitution portait qu'elle serait revisée en cortès, après que douze ans d'épreuve auraient révélé ses imperfections principales.

Dans l'espoir que concevaient les Espagnols à Bayonne, entraient pour beaucoup le caractère modéré et le bon esprit qu'on remarqua en Joseph, aussitôt qu'on le vit. Ces qualités personnelles du prince sont de peu d'importance dans les pays où les actes généraux du pouvoir sont forcément l'expression de la volonté de tous; elles sont la circonstance principale là où le prince peut tout ce qu'il veut. On ne douta pas que la présence du nouveau Roi, au milieu de ses sujets, ne conciliât tous les intérêts et ne rétablît la paix publique, sans qu'il fût besoin d'employer la force des armes. Ce n'était pas seulement dans des discours d'apparat que ces espérances étaient étalées, elles étaient exprimées avec énergie dans l'épanchement de l'amitié par ceux même qui s'étaient montrés les plus dévoués serviteurs de Ferdinand; leurs correspondances en font foi.

Et comme s'il eût fallu qu'aucun suffrage n'échappât à Joseph, Ferdinand rompit volontairement le silence de sa retraite de Valençay pour lui exprimer, au nom de son frère, de son oncle et au sien, la satisfaction qu'il éprouvait en voyant à la tête de la nation espagnole un monarque si propre par ses vertus à la rendre heureuse. Dans le même temps l'armée du marquis de La Romana, campée dans une île de la mer Baltique, faisait éclater par l'organe de son chef l'hommage de son entière soumission et de son inviolable attachement envers le frère du grand Napoléon.

Accepté par les classes élevées de la nation, complimenté par son compétiteur, assuré d'être reconnu par toutes les puissances du continent, aussitôt que son avénement au trône leur aurait été notifié, Joseph Bonaparte réunissait toutes les conditions qui font les rois légitimes, à l'exception d'une seule sans laquelle toutes les autres sont moins que rien. Le peuple espagnol repoussait en lui le présent de l'étranger, le produit de la perfidie, l'image vivante d'une insulte irréparable. A quoi servait de dérouler le tableau des biens que présageait le nouveau règne? Vainement eût-on essayé de prouver à un peuple qu'il peut gagner à être envahi par un peuple plus civilisé. Il n'est pas possible de faire du bien aux nations malgré elles.

Louis XIV avait conseillé au duc d'Anjou de tenir les Français dans l'ordre. De même, en prenant la cocarde rouge, Joseph devint Espagnol. Il ne conserva dans sa maison qu'un petit nombre des Français qui avaient suivi sa fortune dans le royaume de Naples. Il n'y en eut d'abord qu'un seul, le général Saligny, duc de San-Germano, qui occupât un emploi éminent, et celui-là était marié à la sœur de la Reine. Les ducs de l'Infantado, del Parque, de Hijar, le prince de Castel-Franco, le marquis d'Ariza, le comte de

Fernan Nuñez et d'autres grands noms de la monarchie furent revêtus des dignités de la nouvelle cour. Quelques-uns n'avaient rien demandé; tous acceptèrent avec reconnaissance ce qui leur fut offert. Joseph s'appliqua à combler de plus de marques d'estime et de faveur ceux que son frère avait le plus maltraités. C'est à ce titre que don Pedro Cevallos, l'un des principaux conseillers de Ferdinand, conserva le département des affaires étrangères. On voyait avec lui dans le ministère don Josef Mazaredo, le plus illustre marin de l'Espagne; don Gonzalo O'Farril, l'élève des Orelli, des Ventura Caro, des Ricardos, et que l'armée désignait comme devant les remplacer, si l'Espagne entrait dans une guerre avec des moyens dignes de sa puissance; le comte de Cabarrus, fondateur du crédit en Espagne, et à qui un terrible adversaire (Mirabeau) reconnaissait de vastes talens et un coup d'œil d'aigle; don Miguel-Josef de Azanza, honoré par quarante ans de vertus publiques et de services rendus à l'État dans plus d'une carrière;

don Mariano-Luis de Urquijo, zélateur avoué de ces principes démocratiques qui, lorsqu'ils s'allient à la chaleur de sentiment et à l'esprit éclairé, dénotent presque toujours une âme élevée. Ces hommes étaient les premiers dans l'opinion de leurs concitoyens. Presque tous avaient eu à souffrir de Godoy. Il y avait encore en Espagne une plus illustre victime de cet ignoble despotisme : c'était l'illustre auteur de la loi agraire, l'homme d'Espagne dont le nom était le plus européen. Le Roi nomma don Gaspar-Melchor de Jovellanos son ministre de grâce et justice, sans l'avoir vu et sans savoir s'il accepterait cet emploi.

Peut-être il eût été convenable que Joseph attendît à Bayonne l'effet des proclamations qu'il adressait coup sur coup à la nation espagnole. L'Empereur exigea qu'il allât à Madrid, croyant aussi que sa présence suffirait pour dissoudre les rassemblemens des rebelles. Joseph entra en Espagne au milieu des députés de la Junte extraordinaire qui lui servaient de cortége; il voyagea à petites journées; les hommages officiels ne lui manquèrent pas. Dès qu'il eut passé la Bidassoa, ce ne fut, dans toutes les villes, que sermens prêtés par ceux que les commandans français forçaient à faire montre de soumission, et harangues étudiées par ceux qui les prononçaient, de manière à exprimer assez pour contenter le harangué, et pas assez pour compromettre les harangueurs. Partout le peuple fut morne et silencieux. Le mauvais état des affaires dans le nord de l'Espagne ajoutait, à l'aversion qu'on avait pour le nouveau Roi, l'espoir de le voir retourner en France plus vite qu'il n'en était venu. C'était le moment où Blake et Cuesta réunis marchaient à grands pas dans la terre de Campos, pour livrer bataille à l'armée du maréchal Bessières, infiniment moins nombreuse que la leur.

Dans cet état de crise, il était incertain si Joseph achèverait, sans coup férir, le voyage qu'on s'était trop hâté de lui faire entreprendre. Ce prince reçut à Burgos la nouvelle de la victoire de Rio-Seco; dès-lors les chemins lui furent aplanis. Il fit le 20 juillet une entrée solennelle dans la capitale; les magistrats allèrent au-devant du monarque en habit de cérémonie; les maisons sur son passage furent tapissées de riches tentures, les oreilles étaient assourdies du carillon monotone des cloches qu'interrompait par intervalle le son plus bruyant du canon. Mais les cœurs étaient serrés, les bouches étaient muettes; quelle différence de cet accueil morne et silencieux aux transports d'allégresse qui éclatèrent dans la même ville à l'entrée de Ferdinand! Cette fois une foule de citoyens indépendans se cachaient dans leurs maisons pour ne pas apercevoir l'intrus. La curiosité n'avait attiré dans la rue et aux fenêtres qu'un petit nombre d'habitans; Joseph eût pu demander comme cet archiduc d'Autriche que les armées de l'étranger avaient aussi conduit à Madrid un siècle auparavant :

« Suis-je dans une capitale ou dans un désert? »

Aussitôt après l'entrée du Roi à Madrid, on répandit d'abondantes aumônes dans la classe indigente; l'arène des combats de taureaux, fermée depuis trois ans par une ordonnance de Charles IV, fut rouverte, et les Espagnols jouirent avec délices d'un spectacle pour lequel ils sont passionnés. Le Roi reçut les hommages plus ou moins empressés de ceux à qui leur naissance ou leurs emplois donnaient le droit de lui faire leur cour. Le seul conseil de Castille, après avoir temporisé, louvoyé avec la force, refusa le serment de fidélité que lui-même avait prescrit implicitement à la nation, en promulguant dans la forme de lois les actes postérieurs au changement de dynastie, et traça par-là la règle de conduite que devait suivre le corps considérable et honoré des togados.

Le 26, Joseph Napoléon fut proclamé roi pour Castille et Aragon, en levant les étendards, suivant les anciennes coutumes de la monarchie. A cette occasion, on jeta de l'argent au peuple. Il était d'usage que la monnaie distribuée de cette manière fût marquée au coin du nouveau Roi. La multitude s'étonna d'y voir l'effigie d'un roi Bourbon.

On eût dit qu'aucun établissement stable ne devait signaler le règne nouveau. Amené à Madrid par le flux de la victoire, il était tout naturel que Joseph s'en éloignât par le reflux d'une défaite. N'ayant pas de racine dans les institutions du pays, dans les affections du peuple, son existence royale dépendait des chances toujours incertaines de la guerre. Nous avons dit comment on la conduisait dans le nord de l'Espagne; voyons maintenant à quelles chances elle était sujette dans le midi.

Chaque courrier apportait à Madrid l'avis d'un nouveau soulèvement. Les soldats espagnols, composant la garnison de cette capitale, abandonnèrent leurs drapeaux pour rejoindre les insurgés ; et n'eût été le désarmement des habitans, les préparatifs de défense au Retiro et la présence de vingt mille Français, les habitans de Madrid, qui avaient donné le premier signal de l'indignation, n'auraient pas manqué de suivre l'exemple que donnaient les provinces. L'opposition populaire était nourrie par la lutte entre la Junte de gouvernement, organe forcé du lieutenant-général du royaume, et le conseil de Castille, conservateur des lois de la monarchie ; et dans la marche des opérations militaires aucun événement décisif, ne tranchait la difficulté. Elles étaient conduites avec langueur par l'effet d'une circonstance particulière. Après le départ de l'expédition de Valence, le grand-duc fut atteint d'une colique rhumatismale qui, pendant l'été de 1808, fit beaucoup de ravages dans les hôpitaux de l'armée française et que les médecins militaires ont appelée colique de Madrid. Cette maladie douloureuse déprima son moral au point de le rendre incapable du commandement. Les affaires s'en ressentirent. Les prêtres espagnols auraient bien voulu que le doigt de Dieu se marquât sur celui qu'ils appelaient le bourreau du 2 mai. Murat ne mourut pas; mais il fut obligé de se faire transporter en France pour se guérir. Le général Savary, duc de Rovigo, arriva à Madrid le 15 juin pour diriger les opérations, en attendant l'arrivée du roi Joseph. Son nom n'était pas inconnu dans la carrière des armes. Il avait fait son apprentissage dans cette vieille armée du Rhin, dont les chefs ont fait école. Premier aide-de-camp de Desaix, en Égypte et en Italie, le général Bonaparte l'avait recueilli à Marengo, comme un pupille abandonné. Dans la campagne de 1807, la faveur de l'Empereur l'ayant porté de plein saut au commandement en chef, il sut à la fois ployer à l'obéissance des subordonnés indociles et battre les Russes à Ostrolenka. Cependant cette victoire n'avait pas suffi pour donner à Savary une réputation de général d'armée, et l'Empereur l'employant habituellement à un genre de service tout différent, ses ennemis et ceux qui ne le connaissaient pas profitèrent de la défaveur que ce genre de service pouvait jeter sur son caractère, pour dénigrer un choix qui trouva également des improbateurs parmi les principaux officiers de l'armée. Quant aux Espagnols, ils ne connaissaient Savary que pour l'avoir vu remplir, deux mois auparavant, la mission de Madrid.

Cependant, dès son arrivée au commandement, Savary jeta sur sa position ce coup d'œil pénétrant qui, ne s'arrêtant pas à la surface des choses, fait découler des faits connus de tous, des conséquences que personne ne pense à prévoir. « Il ne s'agit plus ici, écrivit-
» il à l'Empereur, de mécontens à comprimer,
» de révoltés à punir. Si l'arrivée du roi ne pa-
» cifie pas le pays, nous aurons à soutenir une
» guerre régulière avec les troupes, et une
» guerre de brigandage avec la population. La
» méthode de patrouiller avec des divisions
» dans toutes les provinces, avant d'en avoir

» fini avec l'Aragon et la Catalogne, est propre » à amener des échecs partiels qui donneraient » de la consistance à l'insurrection. Il faut que » Votre Majesté s'en occupe sérieusement et » nous prépare un surcroît de moyens. Nous » perdons quatre cents hommes par mois, seu- » lement dans les hôpitaux. Notre armée ne » peut être comparée en rien à l'armée d'Al- » lemagne. Tout a été calculé d'après la tour- » nure que l'on croyait que les événemens pren- » draient, et non d'après la position dans laquelle » on se trouve aujourd'hui. Il en résulte que » plusieurs bataillons n'ont pas quatre officiers, » que toute la cavalerie devient une infirmerie » générale. La foule de jeunes gens présomp- » tueux et avides d'avancement ne fait qu'ac- » croître nos embarras. Il faut vraiment être » chargé d'une grande besogne comme celle-ci, » pour savoir mettre une juste différence entre » les jeunes gens chamarrés d'ordres et de » graines d'épinard et un bon officier, ancien » sergent ou adjudant, qui a traversé la révo-

» lution, n'ayant pour lui que sa capacité et » son devoir. »

L'Empereur, portant une attention plus sérieuse à ce qui se passait plus près de la France, avait désiré, ainsi que nous l'avons déjà dit ailleurs, que des colonnes mobiles partissent de Madrid pour prendre à revers l'insurrection du nord de l'Espagne. Il avait même chargé son armée du Midi de faire un détachement pour soumettre Sarragoce; mais le facile succès de Cabezon donna lieu à contremander le mouvement, et on se flatta à Bayonne de pacifier l'Aragon avec les troupes et le matériel que le général Verdier réunissait dans cette province. Libre de soins de ce côté, le duc de Rovigo se hâta de rouvrir la communication avec le corps expéditionnaire d'Andalousie. Le général Vedel, commandant la deuxième division du corps de la Gironde, fut chargé de conduire au général Dupont les renforts destinés pour les divisions Barbou et Frésia, et après avoir communiqué, de garder le passage de la Sierra-Morena et de maintenir la Manche dans l'état de tranquillité. La division Frère, troisième de ce corps d'armée, revenue de Ségovie où on l'avait envoyée rétablir la tranquillité, reçut l'ordre de prendre position à Madrilejos. Pendant ce temps et dans l'attente où l'on était de ce qui se passerait à Valence, le général de brigade Auguste de Caulaincourt fut envoyé à Tarancon, au-delà du Tage, pour couvrir Madrid de ce côté, avec le cinquième régiment provisoire d'infanterie de la division Gobert et deux de cavalerie.

Vedel partit de Tolède le 19 juin avec sa division, forte de cinq à six mille combattans, douze pièces de canon et sept cents chevaux aux ordres du général de brigade Boussard, et conduisant avec lui une provision de biscuits. Il rallia dans sa marche les détachemens des généraux Roize et Liger-Belair. Le général répandit avec profusion les proclamations du nouveau gouvernement. Toutes rassurantes qu'elles étaient, elles n'inspiraient pas assez de confiance pour faire rester les habitans dans leurs maisons. Le plus grand nombre s'enfuyait pour se mettre à l'abri des troupes françaises. La chaleur et l'usage immodéré du bon vin de la Manche firent rester en arrière des traîneurs, qui furent assassinés.

Sept mille hommes de bonnes troupes ne devaient pas rencontrer d'obstacles dans les plaines ouvertes de la Manche. Les ennemis l'attendaient dans la Sierra-Morena. Il y a là au-dessus du col principal Puerto del Rey, un passage étroit où les rochers rapprochant leurs sommets semblent prêts à former une voûte sur la tête du voyageur. On l'appelle *Despeña-Perros* [1]. Le lieutenant-colonel espagnol Valdecanos qui, du temps de Charles IV, faisait,

[1] Le nom de *Despeña Perros* signifie textuellement *précipite du haut des rochers en bas les chiens.* Il y a, en espagnol, une énergie et une brièveté d'expression que le Français ne peut rendre que par une cir-

avec un détachement de troupes de ligne, la police de ces montagnes, avait, pour les défendre, réuni à ce détachement les contrebandiers et les vagabonds auxquels il donnait la chasse, et des paysans absens de leurs foyers. Contrebandiers et paysans se levaient à la voix de la patrie, et ne connaissaient que les Français pour ennemis. Il avait mis en batterie six canons pour défendre le passage. Le mur d'appui qui borde le précipice était renversé sur la route, qui d'ailleurs était barrée avec des troncs d'arbre et des blocs de rocher.

Les troupes françaises arrivèrent le 26, à neuf heures du matin, devant le Despeña-Perros. A l'instant même le défilé fut forcé et le canon pris. Les Français eurent dix-sept hommes tués ou blessés. Le lendemain Vedel ren-

conlocution sans grâce. Avant que la route, entreprise, en 1779, par le Français Charles Lemaur, sous l'administration de Florida-Blanca, eût été faite, le passage laissait à peine place pour le pied des mulets.

contra, près la Caroline, une colonne de douze cents hommes que le général Dupont envoyait sous les ordres du chef de frégate Baste, le même qui avait fait le détachement de Jaën, pour nettoyer la Sierra-Morena. Ainsi, la jonction était opérée. Après un mois de communication interceptée, Dupont reçut l'ordre de suspendre les opérations offensives, sans toutefois repasser la Sierra-Morena, afin de pouvoir les reprendre dès que Sarragoce et Valence auraient ouvert leurs portes. On comptait que la soumission de Sarragoce donnerait la facilité d'envoyer des renforts en Andalousie, et que la prise de Valence permettrait de porter sur Grenade le corps du maréchal Moncey, pour y opérer une diversion favorable.

Cette promesse était subordonnée à des événemens dont il était impossible de prévoir l'issue. Depuis que le maréchal Moncey était parti de Valence, on n'avait rien appris de son corps d'armée. Il avait emporté peu de munitions, et peut-être étaient-elles déjà consommées. Les nouvelles fâcheuses qu'on recevait de Catalogne faisaient craindre que la division Chabran n'eût pas pu arriver dans le royaume de Valence. On savait que la province de Cuenca avait à peine attendu, pour se soulever, que le corps du maréchal eût achevé de défiler. Un détachement de deux cents Français, qui venait derrière, avait été fait prisonnier. L'intendant et le corrégidor, en voulant s'opposer à la fougue imprudente de la multitude, avaient été injuriés et maltraités. Les paysans étaient accourus de la montagne, et on assurait qu'ils formaient un rassemblement considérable.

On fit marcher contre eux la brigade stationnée à Tarancon; elle se présenta le 3 juillet, à quatre heures du soir, devant Cuenca. Quelques paysans sans chefs, trop confians dans les difficultés que présentent les bords escarpés du Xucar, et dans le parti qu'ils espéraient tirer de deux mauvaises pièces de canon, osèrent attendre l'ennemi. La cavalerie française courut à eux; on prit leur canon, on en sabra un bon nombre, et le reste se dispersa en jetant les fusils. La ville abandonnée par ses habitans, et que personne ne défendait, reçut des obus et des boulets, et fut ensuite mise au pillage.

D'AUTRES troupes marchèrent à la recherche du maréchal Moncey. Ce fut la division Frère. L'Empereur avait ordonné qu'on la pórtât à San-Clemente, jugeant, d'après l'inspection de la carte, qu'elle serait, dans ce point intermédiaire, également à portée de protéger l'expédition de Valence et le corps d'Andalousie.

Le général Frère prit, pour se rendre à Valence, le chemin que le maréchal avait suivi. Il apprit le 5 juillet, à Requeña, la non réussite de l'attaque de Valence. Les insurgés l'attendaient à la position de Cabrillas. Qu'eût-il été y chercher? Il ne pouvait pas espérer d'enlever, avec trois mille combattans, une ville contre laquelle six mille venaient d'échouer.

Frère revint sur ses pas. Il reçut à Yniesta une lettre du maréchal Moncey qui avait aussi repassé les montagnes. Le maréchal, après avoir fait prendre deux jours de repos à ses troupes à Albacète, jugeait prudent d'abandonner ce pays ouvert de toute part, et de concentrer les troupes à San-Clemente, pour de-là prendre langue, renvoyer les blessés et les éclopés à Madrid, refaire l'artillerie et les munitions, et combiner une nouvelle attaque de Valence avec plus de troupes et plus de matériel.

Mais il n'y avait pas lieu pour le moment à retourner à Valence; puisqu'on ne l'avait pas enlevée au premier coup de collier, vingt mille soldats de plus n'y pouvaient rien. Ce n'était plus une affaire d'hommes, c'était une affaire d'artillerie. Le duc de Rovigo rappela à Madrid Frère et Caulaincourt. Il ordonna au maréchal Moncey de rester à San-Clemente.

Ce fut une scandaleuse monstruosité dans une monarchie militaire, que de voir le doyen des maréchaux d'empire commandé par un général de division. Quand on avait envoyé Moncey conquérir le royaume de Valence à la tête d'un corps disproportionné, quant au nombre, non moins avec sa dignité de maréchal, qu'avec l'objet qu'il avait à remplir, son dévouement à l'Empereur ne lui avait pas permis de hasarder une simple observation. Mais il eût manqué à sa dignité en reconnaissant une autorité de tous points illégale. Il avait cru la position de San-Clemente bonne à occuper avec ses troupes réunies à celle du général Frère et du général Caulaincourt. Réduit à la division Musnier de six mille hommes fatigués, démoralisés, il prit le parti de ramener les troupes sur le Tage en passant par Quintana de la Orden et Ocaña.

Il arriva par le concours des événemens que ce mouvement rétrograde, qui n'avait pas été prescrit, rentrait parfaitement dans le système général d'opérations. En effet, l'armée de Galice, descendue des montagnes, s'était jointe à l'armée de Cuesta, et la renommée l'avait grossie. Napoléon oubliant que lui-même avait ordonné les expéditions de Valence et de l'Andalousie, que le non succès de la première l'avait irrité, qu'il avait défendu que Dupont, arrêté dans sa marche, repassât la Sierra-Morena, et qu'il avait ordonné le mouvement des divisions Vedel et Frère, s'irrita de voir les cent mille soldats qu'il avait en Espagne ne présenter nulle part une masse imposante, parce qu'on les avait éparpillés partout. Toutes ses forces morales, toutes les facultés de son ame se portaient sur le point stratégique où il lui paraissait qu'allait être décidé le sort de l'Espagne. « Le coup qui » serait porté au maréchal Bessières, disait-il, » dans une instruction écrite sous sa dictée » pour la gouverne du général Savary, ce coup » donnerait le tétanos. Qu'importent aujour-» d'hui Valence et l'Andalousie ? La seule » manière de renforcer Dupont, c'est d'en-» voyer des troupes à Bessières. Il n'y a pas un

» habitant de Madrid, pas un paysan des
» vallées qui ne sente que l'Espagne tout
» entière est dans les mains du maréchal
» Bessières.... Quel malheur que dans cette
» grande affaire on se soit donné volontaire-
» ment vingt chances de moins pour le succès! »

Afin de ne pas encore aggraver la situation, on fit partir de Madrid pour Valladolid, sous les ordres du général de brigade Lefebvre, une colonne de deux à trois mille hommes, dont faisait partie la garde impériale. D'autres troupes se portèrent au-devant du roi Joseph pour renforcer son escorte. On établit un bataillon dans le château de Ségovie qui fut mis en défense. Savary se tint prêt à marcher avec les trois divisions de Morlot, de Frère et de Musnier, et avec la cavalerie de Caulaincourt et de Wathier, troupes qui étaient à Madrid ou qui s'en rapprochaient à deux marches. On envoya à Dupont l'ordre de repasser les montagnes, et de se rapprocher assez de Madrid pour être en mesure d'arriver dans cette capitale avant les armées espagnoles, dans le cas où celles-ci seraient victorieuses.

Blake et Cuesta furent battus à Medina de Rio-Seco. Napoléon, apprenant la victoire, s'écria : « C'est Villa-Viciosa, Bessières a mis » Joseph sur le trône [1]. »

Pour justifier son mot, l'Empereur combla de faveurs la petite armée victorieuse, et or-

[1] La comparaison manquait de justesse. A Villa-Viciosa, le duc de Vendôme et Philippe V combattaient à la tête des Espagnols contre les étrangers. A Medina de Rio-Seco, la cause de Joseph était défendue par les étrangers contre les nationaux. A Villa-Viciosa, on jouait le sort de l'Espagne. Presque toutes les forces militaires employées dans la Péninsule étaient réunies sur le même champ de bataille, tous les intérêts concentrés, l'affaire décisive. Medina de Rio-Seco était un point dans l'espace, une escarmouche entre deux détachemens; elle n'a pas mis Joseph sur le trône; elle lui a ouvert les portes de Madrid.

donna de reprendre l'attitude offensive qu'on avait un mois avant la bataille. Pour lui, content d'avoir trouvé un prétexte plausible de s'éloigner d'un théâtre qui réveillait en lui des souvenirs pénibles, sans lui offrir les moyens de les effacer avec de la gloire, il quitta Bayonne dans la nuit du 21 au 22 juillet.

Cependant des troupes françaises passaient encore les Pyrénées, et, pour achever de pacifier la Péninsule, un nouveau détachement de quatre régimens d'infanterie et de deux de cavalerie fut appelé de la grande armée; on fit venir du grand-duché de Varsovie, neuf mille hommes d'infanterie polonaise qui passèrent au service de la France. Le protecteur de la confédération du Rhin prescrivit au prince primat, aux grands-ducs de Baden et de Hesse-Darmstadt et au duc de Nassau, de lui envoyer chacun un régiment d'infanterie et une batterie d'artillerie. La garde que Joseph avait à Naples se mit en marche pour le joindre dans son nouveau royaume. Milan, Naples et la Toscane durent aussi fournir un contingent, cela formait un total de quarante mille hommes destinés à grossir l'armée française pendant les trois mois qui allaient suivre le départ de l'Empereur. Nous allons voir que ce renfort était insuffisant, et que l'insurrection espagnole n'avait pas été éteinte dans les champs de Rio-Seco.

Andujar, où le général Dupont s'était arrêté après avoir évacué Cordoue, est une ville située sur la rive droite et au bord du Guadalquivir, à 14 lieues d'Espagne (20 de France) du Puerto del Rey, laissant en arrière plusieurs chemins de voiture qui débouchent de ce passage principal de la Sierra-Morena, et particulièrement la route royale de Madrid à Grenade. La position d'Andujar est par elle-même d'une mauvaise défense dans la saison où le Guadalquivir a des gués et où les points de défense se multiplient d'une manière indéterminée. Le général en chef entreprit de la rendre meilleure par des ouvrages d'art. On disposa une tour qui ferma le pont de manière à y mettre de l'infanterie, et on construisit à la rive gauche un ouvrage à corne pour servir de tête de pont. La montagne était trop près pour pouvoir défiler cet ouvrage, il ne remplissait aucun but. Jusqu'aux conscrits, tous étaient persuadés que si l'ennemi les attaquait ce ne serait pas par le pont qu'il arriverait.

Aucune considération ne justifiait le choix d'une semblable position, surtout depuis que, par l'arrivée de Vedel, on savait qu'il avait été décidé que le corps d'observation de la Gironde resterait sur la défensive, jusqu'après la prise de Sarragoce et de Valence. La raison militaire prescrivait de s'en tenir à la défense de la Sierra-Morena, en fortifiant les passages, occupant en force le Despeña-Perros et tenant à Santa-Elena des colonnes mobiles. Dans cette position, on aurait dominé les principales communications et vu venir l'ennemi. La communication avec Madrid aurait été plus facile, et on aurait reçu plus vite les renforts lorsqu'il aurait été besoin de reprendre l'offensive. L'armée aurait tiré ses vivres de la Manche, qui produit du blé et surtout du seigle en abondance. En attendant qu'on en formât des magasins avec les ressources du plat pays, les troupes stationnées dans la montagne auraient consommé la provision de biscuit amoncelée à Santa-Cruz de Mudela. Le soldat se serait refait le cœur et le corps, en buvant les excellens vins de Val de Peñas et de Manzanarès.

Le général Dupont resta à Andujar avec les divisions Barbou et Frésia. Il mit Vedel à Baylen, à sept lieues derrière lui, et le chargea de tenir le Puerto del Rey et la communication dans la Manche. Les bords du Haut-Guadalquivir sont malsains, au point qu'un voyageur l'a appelé le séjour éternel des fièvres putrides. On était au plus fort de l'été. Outre les ardeurs du soleil, les soldats éprouvaient encore les tourmens de la faim. Ils n'avaient ni vin, ni vinaigre, ni eau-de-vie, et la plupart du temps on ne leur donnait que demi-ration de pain, et quelquefois le quart; du vin seulement aux hôpitaux. La ville d'Andujar, qui a quatorze mille ames de population, était, comme le reste du pays, abandonnée par les habitans. Il fallait que les soldats fissent la moisson eux-mêmes, battissent le blé, fissent aller le moulin et fabriquassent leur pain. Depuis, tout cela a été jeu d'enfant pour les soldats de l'armée d'Espagne; en 1808, on n'y était pas accoutumé: les maladies se mirent parmi les conscrits; en moins de quinze jours, il en entra six cents à l'hôpital. Ceux qui ne tombèrent pas malades éprouvèrent une diminution de forces physiques et perdirent l'instruction, la discipline et l'ensemble qu'ils avaient acquis pendant le repos de l'hiver précédent.

La nécessité de couvrir les flancs de l'armée, d'en imposer à l'ennemi, de le tenir en échec en attendant qu'on rouvrît la campagne offensive, et de faire des vivres, conduisit une seconde fois les Français à Jaën. Le général de brigade Cassagne, de la division Vedel, s'y porta de Baylen avec quatre bataillons. Il passa le Guadalquivir dans la barque et au gué de Mengibar, et il arriva le 1er juillet à midi devant la ville. Les insurgés, plus nombreux que la première fois, et mêlés à des détachemens de troupes de ligne, furent rejetés de l'autre coté de Jaën. Les habitans avaient fui de leurs maisons. Le 2, le maréchal de camp don Théodore de Reding arriva de Jaën avec le régiment suisse n° 3 du même nom, et un escadron de carabiniers royaux, et attaqua les Français : il fut repoussé. Le 3, il attaqua encore; et il n'eut pas plus de succès. Les trois journées coûtèrent plus de quinze cents hommes aux Espagnols. Les Français eurent deux cents hommes tués ou blessés. Le chef de bataillon Magnesse, de la 1re légion, fut au nombre des derniers. Une brigade à quatre lieues au delà du Guadalquivir était aventurée; Dupont la rappela. Le général Cassagne rentra le 4 à Baylen. On laissa quelques compagnies pour garder la barque de Mengibar. Un ingénieur fut chargé de reconnaître avec soin les gués de la rivière, et d'élever quelques redans pour servir à en défendre le passage.

Cependant, lorsque le général Frère s'était porté à San-Clemente, par les ordres de l'Empereur, on avait senti à Madrid la nécessité de garder en force le point de Madrilejos, et d'occuper la Manche. Le général de brigade Lefranc s'y porta avec le 6e régiment provisoire qui faisait partie de la deuxième division du corps d'observation des côtes de l'Océan. Le général Gobert, commandant de cette division, suivit Lefranc avec sa seconde brigade, composée de deux régimens provisoires d'infanterie légère, de deux escadrons de cuirassiers, et de quatre pièces d'artillerie légère. Il poussa Lefranc devant lui, laissa un bataillon à Madrilejos, un autre avec du canon à Manzanarès, un troisième aux environs de Puerto del Rey, et, d'après les ordres de Dupont, descendit en Andalousie avec ce qui lui restait. C'était peu nombreux, mais Dupont, se sentant faible et compromis, appelait tout à lui. Il demandait sans cesse des renforts à Madrid; il écrivait à Frère de venir le joindre, s'il n'avait pas d'ennemis à San-Clemente. Il représentait au duc de Rovigo que les diversions et la venue très-incertaine du maréchal Moncey à Grenade, n'équivalaient pas au surcroît de force que deux bataillons envoyés directement donneraient au corps d'observation de la Gironde.

Ce n'était pas une terreur sans motifs que celle éprouvée par Dupont. L'inaction doublait, quadruplait les forces de l'ennemi, en même temps qu'elle diminuait les nôtres. Chaque jour de délai augmentait sa confiance et ses moyens. Des forces considérables et de plus d'un genre s'amassaient devant lui. La Junte de Séville commandait avec la véhémence d'un gouvernement éclos de la veille au milieu de la tempête populaire. Elle était obéie comme un monarque régulier dont la race eût été assise sur le trône depuis des siècles. Les trois autres royaumes d'Andalousie et l'Estramadure suspendant les rivalités de provinces, se groupèrent autour d'elle, et, en attendant que les Indes se déclarassent, les îles Canaries la reconnurent. A la voix des magistrats que Séville avait nommés, on vit se renouveler dans l'Andalousie les sacrifices de patriotisme et de vertu qui honoreront à jamais les Français républicains de 1792. La jeunesse courut aux armes; le vieillard offrit ses enfans, ses enfans plus heureux que lui, puisqu'ils pourraient verser leur sang pour la patrie. Les dons des citoyens remplirent le trésor public; l'attitude tranquille, mais sombre et terrible du peuple, imposa silence aux vils calculs de l'avarice et de l'égoïsme. On vit accourir sous les drapeaux le riche et le pauvre, le noble et le plébéien. Les anciens cadres furent complétés; et il s'en forma de nouveaux. En moins d'un mois la Junte put opposer aux Français une armée régulière de trente-neuf bataillons et de vingt-un escadrons, pourvue d'une artillerie bien organisée. La plus grande partie s'était formée à Séville, le reste à Malaga et à Grenade, par les soins de Théodore de Reding, destiné à rendre célèbre dans les annales de l'Espagne un nom dès long-temps honoré en Suisse par les vertus démocratiques héréditaires dans sa famille. Il y avait dans le nombre beaucoup de recrues non habillées, mais toutes étaient armées. Ces soldats puisaient dans la population une énergie nouvelle, et ils ajoutaient à cette énergie par l'envie qu'eux-mêmes avaient de se distinguer. Le corps anglais du général Spencer, débarqué près de Cadix, se montrait de loin aux amis et aux ennemis, comme un renfort pour les Espagnols, ou tout au moins comme une réserve destinée à les appuyer en cas d'échec.

Don Francisco Xavier de Castaños, lieutenant-général, commandait en chef l'armée. Il avait vieilli dans le métier des armes, aimé des officiers et des soldats pour sa douceur et ses bonnes manières. Il possédait plutôt la finesse qui sait profiter de la gloire des autres, que les qualités supérieures qui font qu'on en acquiert pour son propre compte. La Junte de Séville se défiait du caractère de Castaños. Elle le fit accompagner par un de ses membres le plus audacieux, le plus exalté, le plus entraînant. Le comte de Tilli, chargé de dettes, poursuivi à Madrid pour un procès en matière de faux, s'était jeté dans la révolution, à la manière des Catilina. Castaños ne pouvait rien faire sans lui. Il ne se fût pas permis de recevoir un parlementaire autrement qu'en sa présence.

Les troupes d'Andalousie se pelotonnèrent

successivement sur Cordoue et sur Jaën. Elles formaient quatre divisions. La première, aux ordres de Reding, tenait la droite. Elle était forte de dix mille hommes et on y comptait les meilleures troupes. La deuxième était de six mille hommes et commandée par le marquis de Coupigni, d'une famille originaire du Cambresis, ancien officier aux gardes-wallones. La Junte venait de le nommer maréchal de camp. Un vieil Irlandais, le brigadier don Félix Jones, commandait la troisième division qui, jointe à la réserve aux ordres du lieutenant-général don Juan-Manuel de la Pena, donnait une force de huit à dix mille hommes. Il y avait en outre des corps de flanqueurs aux ordres du lieutenant-colonel don Juan de la Cruz et du colonel Valdecanos. Le 1er juillet, Castaños envoya au général français la déclaration de guerre de la Junte de Séville à la France. Celui-ci fit remettre en échange au général espagnol le décret impérial qui proclamait Joseph Napoléon roi d'Espagne et des Indes. On voulut entamer avec lui des négociations que la volonté et la présence du comte de Tilli firent échouer. Le 9 juillet, le quartier général espagnol était à Arjonilla, à une lieue et demie d'Andujar. On put dès-lors se considérer dans les deux armées comme étant en pleine opération.

Dupont était sur ses gardes. Comme les Espagnols étendaient leur gauche jusqu'à Aldea del Rio, un officier du génie se porta le 10 avec un bataillon par la rive droite du Gualdalquivir au pont de Marmolejo, et détruisit deux arches, malgré quelques coups de fusil tirés par les Espagnols pour s'y opposer. Il fut réglé que des colonnes mobiles partiraient chaque matin d'Andujar et de Baylen pour se rencontrer au pont de la Rumblar. Le général Vedel fut chargé d'observer le cours du Guadalquivir, et d'envoyer des reconnaissances journalières au bas d'Espelui devant Villa-Nueva de la Reyna, et jusqu'à un moulin qui se trouve à une lieue au-dessus d'Andujar. On établit au passage de Mengibar un corps de quinze cents hommes commandés par un officier-général, Liger-Belair. Le corps tenait une grand'garde de cavalerie à la rive gauche du fleuve.

La grand'garde fut enlevée presqu'en entier dans la journée du 13, et les Espagnols s'établirent en force dans le village de Mengibar. Le 14, les Espagnols se montrèrent en force sur les hauteurs d'Arjona et de Villa-Nueva. Il y eut des coups de fusil et des coups de canon tirés d'une rive à l'autre depuis Andujar jusqu'à Mengibar. Le 15, les Français virent un corps nombreux se masser sur les hauteurs entre Arjonilla et Andujar. C'était la troisième division et la réserve de Castaños. Les Espagnols se mirent à canonner la tête de pont avec du 12 et du 16. Le général Dupont garnit les ouvrages et forma ses troupes en arrière de la ville pour recevoir l'attaque.

Le danger n'était pas là. Castaños avait aperçu confusément les vices de la position d'Andujar, et l'éparpillement des troupes françaises. Depuis deux jours, un peu par instinct, un peu en raison du point de départ des troupes, il manœuvrait de manière à les occuper avec sa gauche, tandis que, par sa droite, il cherchait à couper leur ligne d'opération. Pendant la démonstration sur Andujar, la deuxième division commandée par le marquis de Coupigni, se montrait vers Villa-Nueva de la Reyna, prête à se joindre par sa droite avec la première division. Reding fit attaquer Liger-Belair par une avant-garde qui se hâta de repasser le Guadalquivir à l'approche du général Vedel qui marcha de Baylen contre elle avec sa division.

Ce jour-là le général Gobert arriva à Baylen; il détacha à Linarès, petite ville à trois lieues de la route, un bataillon et un régiment de cuirassiers, et il envoya l'autre régiment de cuirassiers au général Dupont, de sorte qu'il ne lui restait plus que cinq ou six cents hommes d'infanterie, deux cents chevaux et trois pièces de canon. Le général Lefranc, qui, pendant la route, l'avait précédé d'une marche, arriva à Andujar avec le sixième provisoire et plusieurs détachemens des divisions Barbou et Frésia. Ainsi lorsque le mouvement des Espagnols se faisait de la gauche à la droite, les Français n'apercevaient pas le piége et serraient aussi leur gauche sur leur droite.

Dans ce système et dans la supposition constante qu'Andujar allait être attaqué, ignorant ce qui s'était passé devant Mengibar, Dupont demanda à Vedel de lui envoyer un bataillon de renfort et même une brigade dans le cas où l'ennemi ne présenterait pas de forces supérieures devant Vedel. Vedel n'avait pas vu que l'ennemi eût déployé des forces considérables dans l'attaque de la journée; l'arrivée de Gobert semblait le dispenser du soin particulier de garder Baylen. Par ces motifs, et un peu par la répugnance que les officiers-généraux ont à morceler les troupes de leur commandement, il partit le 15 au soir pour Andujar avec sa division, moins douze cents hommes d'infanterie, cent dragons et deux pièces de canon qu'il laissa au général Liger-Belair pour la garde du passage de Mengibar. Le général Gobert fit aussitôt revenir de Linarès les cuirassiers ; ce n'est pas qu'il ne les crût utiles sur ce point, car il prévint le général en chef que l'ennemi était en force à Baeza et en mesure de se porter sur la Caroline; mais Gobert rappela les cuirassiers pour les placer à Baylen dégarni, et soutenir Liger-Belair. La division Vedel fit pendant la nuit une marche pénible parce qu'elle se porta par un chemin plus rapproché du Guadalquivir que ne l'est la grande route. Le 16 au matin, en approchant d'Andujar, elle entendit un grand feu d'artillerie. C'était Castaños qui recommençait les démonstrations d'attaque de la veille. Cette fois, il y eut des colonnes formées, comme pour exécuter un passage de vive force au-dessus du pont. Elles se retirèrent au moment où la division Vedel couronna les hauteurs qui dominent la ville d'Andujar.

L'action fut engagée sur toute la ligne. A la droite des Français, le lieutenant-colonel don Juan de la Cruz passa avec dix-huit cents Espagnols le Guadalquivir sur le pont de Marmolejo, qui avait été réparé, et gagna les montagnes de la Sementera à la droite et un peu en arrière de la position du général Dupont. Le général de brigade Lefranc y accourut avec le sixième provisoire, força le corps des flanqueurs à se replier et rentra à Andujar.

On crut que le marquis de Coupigni voulait passer le Guadalquivir en bas de Villa-Nueva de la Reyna. Deux bataillons de la 4e. légion étaient chargés de défendre ce point. Ils répondirent au feu des Espagnols, et, quoique ceux-ci eussent amené du canon, chacun resta dans sa position.

A Mengibar, le combat fut plus sérieux. Le général Reding présenta devant les barques des tirailleurs destinés à occuper l'attention de l'ennemi. Pendant ce temps, le gros de sa division passa le Guadalquivir au gué du Rincon, à une demi-lieue au-dessus. Les Espagnols, attaquant à huit contre un, firent des progrès rapides. Gobert qui, au premier avis de l'attaque, s'était mis en marche pour soutenir Liger-Belair, joignit, à moitié chemin de Baylen à Mengibar, les troupes de ce général, et ce ne fut pas sans de grands efforts qu'il parvint à les rallier. L'ennemi ralentit sa marche, quoique gagnant toujours du terrain. Pendant que Gobert faisait combattre ses troupes, il fut frappé, à la tête, d'une balle dont il mourut le lendemain [1]. Le général de brigade Dufour prit le commandement. On était pressé : il ordonna aux cuirassiers de charger. Cette belle troupe en imposa aux Espagnols par sa vigueur. Ils firent halte : avant onze heures du matin le feu avait cessé. Les

[1] Gobert, ancien ami de Dupont, son chef d'état-major en Toscane, voulut servir avec lui. Sa division, primitivement du corps de Moncey, fut échangée contre la division Frère.

Français rentrèrent à Baylen. La perte qu'ils avaient éprouvée n'était pas considérable. Non-seulement les Espagnols ne poursuivirent pas, mais ils repassèrent le Guadalquivir. Les uns ont dit qu'ils manquaient de vivres; les autres ont pensé, avec plus de raison, que Reding ne se croyait pas en sûreté à la rive droite avec une seule division. Quoi qu'il en soit, le mouvement rétrograde était de nature à prolonger l'incertitude du chef de l'armée française.

Il n'y avait pas dans l'Empire un général de division classé plus haut que Dupont. L'opinion de l'armée, d'accord avec la bienveillance du souverain, le portait au premier grade de la milice; et quand il partit pour l'Andalousie, on ne doutait pas qu'il ne trouvât à Cadix son bâton de maréchal. En 1801, sous Brune, il changea, dans la journée du 4 nivose, l'opération secondaire dont il était chargé, en une attaque principale, et l'obstination qu'il déploya contre l'ennemi, malgré le chef de l'armée qui lui envoyait l'ordre de se retirer, valut à Dupont le renom d'un général audacieux. Ce renom, il le soutint et le grandit dans les campagnes d'Allemagne. Toutefois, parmi ceux qui le voyaient de près, quelques-uns lui refusaient la force de volonté et l'inspiration du moment, mais tous étaient d'accord pour reconnaître en lui un courage brillant et un esprit distingué.

Le général Dupont reçut le 16 après-midi la nouvelle de ce qui s'était passé à sa gauche. Rien n'était encore perdu. L'arrivée de la division Vedel à Andujar pouvait tourner à bien. C'était assez de douze mille Français rassemblés sur ce point, pour battre quarante mille Espagnols sans instruction et sans discipline. Il ne fallait que savoir les employer, soit au delà du Guadalquivir, à écraser les soldats et les paysans de Castaños, soit dans la Sierra-Morena, à garder les passages.

De ces deux partis, le premier était plus dans le caractère français; le second s'accordait davantage avec l'état général des affaires dans la Péninsule. Il n'y avait plus hâte d'arriver à Cadix, depuis que la flotte française était tombée au pouvoir de l'ennemi. Le duc de Rovigo, succédant à Murat, avait exprimé le désir que Dupont pût rester en présence de l'ennemi jusqu'aux premières nouvelles de Valence, et maintenant on savait, depuis quatre jours, au quartier-général de Dupont, la non-réussite de Moncey. Mais, d'un autre côté, le fond de la correspondance était que l'expédition de l'Andalousie n'était pas abandonnée, et qu'on enverrait des renforts dès qu'on serait débarrassé ailleurs; et l'on a su, depuis, que l'Empereur, regardant la position d'Andujar comme la clef de l'Andalousie, et ne pouvant la juger sous le rapport de son mérite intrinsèque, blâma Savary d'avoir admis la possibilité de l'évacuer, tant il avait d'aversion pour un pas rétrograde.

Dupont donna l'ordre à Vedel de ramener de suite à Baylen sa division et le sixième provisoire qui appartenait à la division du corps d'observation de l'Océan, de rallier les troupes qui avaient combattu au passage de Mengibar et de rejeter l'ennemi de l'autre côté de la rivière. Pour lui, il resta de sa personne à Andujar qu'il persistait à considérer comme le poste le plus périlleux. En désunissant les troupes et en se plaçant au point le moins central, il courait la chance des accidens que pouvaient produire la fausse direction, les fautes, les manquemens des subordonnés, d'après les impressions partielles qu'ils éprouveraient.

Pendant qu'on prenait ces dispositions à Andujar, et que Vedel se disposait à les exécuter, les généraux Dufour et Liger-Belair étaient loin d'être tranquilles à Baylen. Des paysans armés et quelques soldats avaient été vus longeant leur gauche par les montagnes, et cherchant à la déborder. Vers sept heures du soir, le bataillon qui occupait Linarès fut attaqué par les flanqueurs du colonel Valdecanos, venu de Baeza, et se retira vers la grande route. Dufour jugea que l'ennemi voulait s'emparer de Puerto del Rey. Le général Gobert, son prédécesseur, avait eu déjà la même opinion. La division qu'il commandait avait pour destination spéciale, non de guerroyer en Andalousie, mais de conserver les passages de la montagne. Il se porta avec toutes ses troupes à Guarroman, trois lieues de Baylen sur la grande route.

Cependant Vedel a marché toute la nuit. Il arrive à Baylen et n'y trouve ni amis ni ennemis. On lui dit que Linarès a été évacuée la veille, que Dufour est parti précipitamment pour Guarroman, afin d'y arriver avant les Espagnols, que ceux-ci sont déjà à la Caroline. Des reconnaissances, qu'il envoie sur le Guadalquivir et qui rentrent sans avoir rencontré l'ennemi, semblent confirmer cette opinion. Puisque Reding n'est pas là, c'est probablement qu'il manœuvre ailleurs. Le général de division

Vedel, arrivé promptement à ce grade élevé pour avoir autrefois déployé, sous les yeux du général Bonaparte, en Italie, une bravoure remarquable, et pour avoir ensuite donné la meilleure et la plus brillante réputation à un régiment d'infanterie légère, devenu le modèle de l'armée, Vedel n'avait à cœur que de servir avec zèle et de se rendre digne des faveurs nouvelles que l'Empereur lui avait accordées récemment en le nommant comte de l'Empire. Il se persuade que l'ennemi veut arriver avant lui au passage de la Sierra-Morena qui était tout dans la position. Dufour le confirme encore dans cette idée en lui écrivant, de Guarroman, qu'un corps de dix mille Espagnols marche dans les gorges. Vedel ne juge pas Dufour assez fort. Il va à Guarroman, s'y joint aux troupes du général Dufour, et le pousse jusqu'à Santa-Elena, presque au haut de la Sierra; et lui-même, après avoir à peine pris le temps de laisser reposer sa division fatiguée de marches continuelles de nuit et de jour, il la conduit à la Caroline, où elle arrive le 18 au matin.

En s'éloignant de son chef, Vedel l'instruisit de ce qu'il allait faire. Il fit partir de Baylen le rapport du général Dufour. Il en envoya un second à son arrivée à Guarroman. Le général de brigade Cavrois resta avec un bataillon et une pièce de canon à Baylen pendant toute la journée du 17, et n'en partit qu'à minuit pour venir s'établir à Guarroman, en observation du débouché de Linarès.

Dupont approuva les efforts qu'avait faits Dufour pour gagner les Espagnols de vitesse. « Marchez à eux, écrivit-il à Vedel, rejetez-» les sur Baeza et Ubeda ; mettez le poste de » Baylen en sûreté, et venez ensuite me re-» joindre... Je ne tiens pas à occuper Andujar. » Cette position ne signifie rien. L'essentiel » est de battre l'ennemi et de profiter de sa » dispersion en petits corps pour l'écraser. »

Ainsi la malheureuse illusion qui l'avait porté

à occuper, garder et fortifier une position si excentrique pour la défensive, commençait à se dissiper. Elle se dissipa tout-à-fait à la lecture du second rapport de Vedel qui arrive le 18 avant midi. L'abandon par Vedel du poste important de Baylen, l'énorme lacune entre Barbou et le reste de l'armée, l'inaction même des troupes espagnoles restées avec Castaños sur les hauteurs d'Arjonilla, tout disait combien le temps était précieux. Mais Dupont avait avec les troupes un grand nombre de voitures (*impedimenta*). Il jugea indispensable de dérober sa marche à Castaños. Les dispositions furent faites pour mettre les troupes en mouvement à la tombée de la nuit. Il était trop tard.

Pas un mouvement de l'armée française, pas un projet, pas une pensée de son général n'échappaient aux Espagnols. Depuis le 15 ils interceptaient toutes les lettres que Dupont faisait partir pour Madrid. Sa correspondance leur présenta avec l'expression d'un vif désir de tenir à Andujar et de reprendre au plutôt l'offensive, la méfiance fondée sur l'exiguité de ses moyens et une vague inquiétude de l'avenir. Les généraux espagnols furent frappés surtout de la détresse affreuse où étaient les soldats français, détresse dont les détails formaient comme le fond du tableau que Dupont ne cessait de faire de sa position. Ils se déterminèrent à prononcer le mouvement qui n'avait été que désigné jusqu'alors.

Le 17 au soir, la division du général Reding passa le Guadalquivir. Celle que commandait le marquis de Coupigni la joignit le 18 au matin. Les deux divisions réunies se portèrent à Baylen. Elles avaient l'ordre de se porter le lendemain sur Andujar pour ensuite prendre cette position à dos, pendant que Castaños l'attaquerait de front et que le petit corps du lieutenant-colonel don Juan de la Cruz paraîtrait sur le flanc.

On compte sept lieues d'Andujar à Baylen [1]. La route traverse un pays montagneux et boisé, et laisse à une grande distance sur la gauche les hautes montagnes de la Sierra-Morena qu'on a presque toujours en vue, et sur la droite le Guadalquivir dont on ne voit pas le cours. A quatre lieues et demie d'Andujar, on passe sur un pont de pierre la Rumblar, rivière tortueuse, dont les bords sont escarpés et le lit rempli de rochers. Au delà s'élève un plateau couvert d'oliviers que le vallon de la Rumblar contourne du côté du nord-ouest et qui s'abaisse vers Baylen. Après qu'on a dépassé la lisière des oliviers et lorsqu'on n'est plus qu'à une demi-lieue de la ville, on passe sur un pont un ruisseau affluent du Guadiel.

Ces détails sont nécessaires pour faire comprendre an lecteur l'événement inouï que nous allons raconter. Le général Dupont partit d'Andujar le 18 à neuf heures du soir, après avoir dé-

[1] Voyez la carte n° III.

truit le pont du Guadalquivir et l'ouvrage de la rive gauche. Il fit ouvrir sa marche par une avant-garde aux ordres du général de brigade Chabert, composée des compagnies d'élite et du premier bataillon de la quatrième légion, d'un escadron de chasseurs et de deux pièces de 4. A demi-lieue d'intervalle marchaient le reste de la légion et quatre pièces d'artillerie appartenant à la brigade de chasseurs à cheval du général Dupré. Puis venaient une longue file de plus de cinq cents voitures d'artillerie et de bagage, qu'escortaient silencieusement les soldats du second bataillon du quatrième régiment suisse; ensuite la brigade des Suisses ci-devant au service d'Espagne, la brigade d'infanterie du général Pannetier, les dragons, les cuirassiers et le bataillon des marins de la garde impériale. La marche était fermée par une arrière-garde de six compagnies d'élite, de cinquante dragons et de deux pièces de 4. Le général en chef Dupont dirigeait les deux mille six cents combattans qui précédaient les bagages. Le général de division Barbou marchait avec la portion de la colonne qui venait derrière.

Le 19, à trois heures et demie du matin, l'avant-garde traversait le plateau qui est au delà de la Rumblar. Alors même don Théodore de Reding formait ses colonnes sur le versant du plateau pour les conduire à Andujar. Les voltigeurs français heurtent dans l'obscurité quelques soldats espagnols. Des coups de fusil sont tirés de part et d'autre; aussitôt l'avant-garde se range en bataille dans la plantation d'oliviers. Les Espagnols se déploient, la division Coupigni au nord, la division Reding au midi de la route. Un bataillon de gardes wallonnes, sur lequel ils comptent beaucoup, se coupe en deux pour appuyer les deux ailes. Deux batteries d'artillerie, dont une servie par des canonniers à cheval, étaient attelées et en marche. Elles se mettent à l'instant en batterie.

Dupont voit qu'il faut à tout prix forcer le

passage de Baylen, et que la plus grande vivacité d'attaque est nécessaire pour ne pas laisser à Castaños le temps d'atteindre l'arrière-garde. Il appelle à lui des renforts; la queue de la colonne était à près de trois lieues de la tête. Ces troupes se serrent; les bagages se pressent et doublent leurs files sur le plateau. Barbou fait des dispositions pour défendre le pont et la rive gauche contre l'ennemi qui viendrait d'Andujar.

En attendant qu'elle soit secourue, l'avant-garde soutient avec énergie un combat inégal. Elle ne perd pas de terrain, mais elle souffre beaucoup du feu de l'ennemi, et ses deux pièces de 4 sont démontées; le reste de la brigade Chabert, les chasseurs à cheval du général Dupré, les dragons, les cuirassiers du général Privé et la brigade suisse du général Schramm, arrivent sur le champ de bataille. Aussitôt arrivées, aussitôt elles sont engagées sans attendre qu'une plus grande réunion de forces augmente les chances de succès.

Chabert et Dupré combattent sur la route et à gauche. Ce dernier, vieux guerrier recommandable par l'assemblage des vertus guerrières, est frappé mortellement en combattant contre les gardes wallonnes, le régiment de *las Ordenes militares* et d'autres troupes que commande le brigadier don Francisco de Saavedra. Mais c'est à droite de la route que se porte le plus grand effort. Là le brave Reding animait de sa voix et de son exemple le courage de ses soldats novices. Les Suisses se battent contre les Suisses; Schramm est blessé à la tête de ceux qui marchent sous le drapeau français. Les cuirassiers abîment un régiment d'infanterie espagnole et sabrent les canonniers sur leurs pièces. La quatrième légion, commandée par le major Teulet, s'avance au delà du ruisseau; mais les Espagnols plus nombreux continuent à déborder les ailes de l'ennemi. Les troupes françaises du centre sont forcées de rétrograder et d'abandonner non-seulement le canon qu'elles ont pris, mais même les deux pièces de 4 de l'avant-garde qui ont été démontées au commencement de la journée.

Vers dix heures du matin, la brigade Pannetier se présenta en bataille. Ces soldats accourus de la queue de la colonne, à travers les oliviers, les charrettes, et enveloppés dans un nuage de poussière, étaient fatigués avant d'en venir aux mains. L'artillerie, éparpillée dans la colonne, arrivait par fragmens; ce qui fit que les Français n'eurent jamais plus de six pièces en batterie à la fois, et furent, malgré la supériorité ordinaire de cette arme, presque aussitôt écrasés par la supériorité du feu des Espagnols. Sous ces auspices défavorables, les Français recommencèrent à attaquer l'ennemi. Bientôt arriva leur dernière réserve, le bataillon des marins de la garde impériale du capitaine de vaisseau d'Augier. Ils n'étaient que trois cents, mais trois cents hommes que la crainte ne pouvait faire broncher. Ils firent les efforts qu'on pouvait attendre de leur courage. La cavalerie rentra de nouveau en action. Plusieurs fois la première ligne des Espagnols fut enfoncée. Leurs réserves, toujours en présence, arrivaient toujours à temps pour s'opposer à des efforts successifs, et tout ce que purent faire les Français, fut de conserver la position où les troupes s'étaient rencontrées le matin.

Il était passé midi. Les Espagnols n'avaient eu, dans les différentes attaques, que deux cent quarante-trois hommes tués et sept cent trente-cinq blessés. Du côté des Français, près de deux mille hommes étaient hors de combat. On comptait dans le nombre beaucoup d'officiers supérieurs; le général en chef lui-même avait été touché. Les malheureux soldats étaient exténués par quinze heures de marche et huit heures de combat. La plupart voyaient pour la première fois un engagement sérieux. Leur corps était débilité par les souffrances endurées à Andujar. Le soleil d'Andalousie dardait sur eux ses rayons piquans (*rayos picantes de Andalucia*) au jour de la canicule. La soif les dévorait, et il fallait aller chercher l'eau à un quart de lieue. Une transpiration abondante achevait de les affaiblir, au point qu'ils n'étaient plus en état ni de marcher, ni de tenir leurs armes. Alors la désertion se mit dans les deux régimens suisses [1] de Reding n° 2 et de Prœux, qui s'étaient si bien battus à la droite; il ne resta dans les rangs français que les deux colonels, un petit nombre d'officiers et quatre-vingts soldats. Le général Dupont, désespérant de pouvoir conduire ses soldats à l'attaque, et ignorant ce que faisaient Vedel et Dufour, proposa au général Reding une suspension d'armes. Elle fut acceptée sans discussion.

Pendant qu'on parlementait, les troupes espagnoles garnirent les hauteurs de la rive droite de la Rumblar, à partir de la grande

[1] Dans les régimens suisses au service d'Espagne, les officiers seuls et un petit nombre de sous-officiers et de soldats étaient Suisses. Le recrutement était fait par les soins des familles auxquelles appartenaient les régimens et les compagnies. C'était plutôt un embau-

route et jusqu'au-dessus du couvent de San-Vicente. Dupont avait réussi dans l'objet de dérober sa marche à Castaños. Celui-ci n'avait été instruit que le 19, à la pointe du jour, du mouvement de Dupont. Il resta de sa personne à Andujar avec la troisième division, et fit marcher Lapeña. Celui-ci arriva trop tard pour prendre part à l'action. Il fit tirer douze coups de canon, afin que Reding fût averti de son arrivée. Les autres troupes, que les Français virent arriver au bord de la Rumblar, étaient celles de don Juan de la Cruz. Les deux mille hommes que commandait cet officier supérieur, rejetés le 16 des hauteurs de la Sementera, s'étant repliés sur Peñas del Moral, rentrèrent en action le 19 à la pointe du jour, dès qu'ils

chage qu'un enrôlement. On y recevait des Allemands, des Italiens, des déserteurs de toute nation. Après la paix de Lunéville, ils se remplirent de prisonniers autrichiens que la France leur céda. L'administration de ces régimens était aussi mauvaise que leur recrutement était vicieux.

entendirent le feu sur Baylen. Don Juan prit par la montagne le chemin de Baños pour se mettre en communication avec le corps de Reding; et, jugeant que le combat se livrait dans les oliviers, il fit descendre un bon nombre de tirailleurs qui s'embusquèrent dans les rochers de la Rumblar, sur le flanc gauche des Français, à deux portées de fusil.

Lorsque tous les corps de l'armée espagnole agissaient concentriquement sur les huit mille hommes commandés immédiatement par Dupont, où étaient les autres troupes du commandement de ce général? Nous avons laissé Vedel à la Caroline le 18 au matin. Il envoya des reconnaissances dans les montagnes et sur tous les débouchés, on en fit autant de Santa-Elena. Les reconnaissances rentrèrent sans avoir rien aperçu, sans avoir rien appris. Le corps espagnol qu'on avait vu ou cru voir la veille, marchant dans les gorges parallèlement à la grande route, avait disparu; puisque l'armée espagnole n'occupait point la Sierra, il était évident qu'elle opérait sur un autre point. Vedel passa à la Caroline la journée du 18 pour donner du repos à sa division, et réparer son artillerie, mais il rappela à lui le général Dufour, en lui prescrivant de laisser deux bataillons à Santa-Elena, et quatre compagnies au Despeña-Perros.

Le 19 à la pointe du jour, lorsqu'on entendit le canon du côté de Baylen, on en était à six lieues. Vedel, ayant sous ses ordres des soldats novices, voulut les conduire serrés et les tenir prêts à combattre. La marche fut lente. A neuf heures du matin seulement il arriva à Guarroman. Bien que le canon continuât à gronder, le général permit aux soldats de s'arrêter; il ne pouvait pas refuser après trois jours et trois nuits de marches continuelles.

Les soldats, accablés par l'excessive chaleur et étouffés par le nuage de poussière dans lequel ils marchent enveloppés, courent en foule au ruisseau pour étancher leur soif. Un troupeau de chèvres traverse en ce moment la route. Les soldats, auxquels on ne pouvait pas dans les marches et contre-marches éternelles faire des distributions régulières de vivres, se jettent sur les chèvres, les dépècent et font la soupe. La halte ne devait durer que le temps nécessaire pour reprendre haleine; Vedel a la faiblesse de l'accorder pour une heure; elle se prolonge beaucoup davantage. Vers midi, la canonnade cesse; Vedel en conclut que le danger est passé. Lorsqu'il se remet en marche pour Baylen avec sa division, il laisse à Guarroman celle du général Dufour et la brigade de cuirassiers du général Lagrange, tant était grande sa préoccupation!

Vers midi, la colonne se met en mouvement. En approchant de Baylen, on aperçut des troupes; Vedel ne douta pas que ce ne fussent celles du général Dupont revenues d'Andujar. Bientôt on reconnut les Espagnols. Le général Vedel se hâta de rappeler à lui les cuirassiers du général Lagrange et la première brigade de la division Dufour aux ordres du général Lefranc; il commença des dispositions d'attaque.

Les soldats espagnols, accablés de chaleur et de fatigue, faisaient la méridienne. Aussitôt que, des avant-postes placés sur la route de Guarroman, on aperçoit les Français, Reding porte de ce côté la division Coupigni sans la faire entrer dans Baylen; un bataillon du régiment d'Irlande et deux pièces de canon sont établis sur un mamelon à la droite de la route, en faisant face à la Sierra. L'autre bataillon d'Irlande et le régiment de *las Ordenes militares* prennent poste à l'ermitage de San-Cristoval qui est à gauche; le reste se masse derrière. Tout en se disposant à recevoir les Français, Reding envoie deux parlementaires leur annoncer qu'on est convenu d'une suspension d'armes avec le général Dupont. « Allez dire à votre général que je m'en » soucie peu et que je vais l'attaquer; » ce fut la réponse de Vedel. Les parlementaires insistent, ils jurent sur l'honneur qu'un officier de l'état-major français est en ce moment à leur quartier-général. Revenant alors d'un premier mouvement, qui chez les braves est toujours le meilleur, le général français se laisse aller à envoyer son aide-de-camp au quartier-général ennemi pour vérifier le fait, en lui enjoignant de revenir sous un quart-d'heure.

Une demi-heure se passe, l'aide-de-camp ne rentre pas. Vedel lance ses troupes sur l'ennemi; le général de brigade Cassagne, avec la première légion, marche droit au mamelon, la droite des ennemis, pendant que le général Boussard conduit le sixième régiment provisoire de dragons sur leur flanc et sur leurs derrières. Le premier bataillon d'Irlande met bas les armes; les canons sont pris, une portion d'un régiment de milices qui les soutient est sabrée par les dragons. En même temps, le chef de bataillon Roche, de la cinquième légion, attaque en colonne la position de l'ermitage; c'était pour les Espagnols le point capital, puisque c'était par-là que les troupes attaquantes pouvaient joindre celles du général Dupont qui n'en étaient qu'à une lieue. La position est défendue avec opiniâtreté par le colonel don Francisco de Paula Soler, à la tête du régiment de *las Ordenes militares*. A la résistance de l'ennemi, Vedel entrevoit la situation déplorable où doit se trouver Dupont; un vif regret de sa lenteur du matin saisit son ame; n'étant pas arrivé à temps pour prendre part au combat, il ne lui restait qu'à le renouveler. Son artillerie canonne l'ermitage, et lui-même va marcher à la tête de la brigade Poinsot, dont il a formé les bataillons en colonne d'attaque, lorsqu'un aide-de-camp du général en chef Dupont, accompagné de deux officiers espagnols, lui remet, au milieu du feu, l'ordre écrit de ne rien entreprendre, parce qu'on traite d'un armistice dont les conditions seront notifiées.

Comme tout passait par les mains des Espagnols, le général Dupont n'entrait dans aucun détail sur les circonstances qui avaient précédé la suspension d'armes. L'aide-de-camp n'en dit pas davantage, les officiers parlementaires portaient des paroles de conciliation et de paix. On ignora, dans le corps de Vedel, qui, des Espagnols ou des Français, avait proposé un arrangement. Bien plus, l'idée étrange vint à plusieurs, et au général lui-même, qu'une négociation venait de s'entamer sur des bases politiques, et qu'il ne s'agissait de rien moins que de réconcilier les prétentions des Juntes insurrectionnelles avec les intérêts et les droits de Joseph Napoléon, et de pacifier les Espagnes. Il n'en fallut pas tant pour déterminer Vedel à obéir; il fit cesser le feu, et conserva la position, les prisonniers, les drapeaux et les canons que ses troupes avaient enlevés.

Ici finissent les opérations de la guerre, de la guerre où le courage des soldats répare quelquefois les fautes du général, et où il est rare que l'éclat de hauts faits d'armes ne tempère pas l'amertume de nobles douleurs. Il nous reste à raconter les particularités d'une négociation désastreuse.

Dupont, ne pouvant plus combattre, considéra les troupes qu'il avait avec lui comme une garnison assiégée qui est aux abois faute de vivres, et qui, bientôt, manquera de munitions. Il chargea le capitaine Villoutreys, écuyer de l'Empereur, employé à l'état-major général du corps d'observation de la Gironde, de demander au général Reding la permission, pour les troupes, de passer par Baylen, pour se retirer sur Madrid. Reding accorda la suspension d'hostilité, ainsi que nous l'avons déjà dit, et, pour le reste, il renvoya le parlementaire au général en chef Castaños à Andujar. Celui-ci n'avait jamais deviné rien de semblable à ce qui se passait à Baylen. Il osait à peine croire au succès. La portion de son armée qui avait combattu n'avait plus que dix cartouches par homme. Vedel et Dufour pouvaient, d'un instant à l'autre, descendre de la Sierra-Morena et changer la face des affaires. Le prudent Castaños déclara au capitaine Villoutreys, qu'il était prêt à traiter à des conditions honorables pour les troupes françaises. Sur cette déclaration transmise au chef des Français, le général de brigade Chabert, ancien député aux assemblées nationales, et accoutumé au maniement d'intérêts publics, partit pour Andujar avec des pleins-pouvoirs pour négocier et signer une convention.

Les rapports de Chabert ne furent pas seulement avec le général Castaños; il avait encore à convaincre le commissaire de la Junte de Séville, le comte de Tilli, homme délié, mais acerbe, qui à l'austérité près des vertus républicaines, jouait dans cette armée le personnage que les représentans du peuple faisaient en 1794 dans les armées françaises. Bientôt la facilité qu'avaient montrée d'abord les Espagnols fit place à des prétentions hautaines. On apprit à Andujar que Vedel, après avoir attaqué Reding, s'était arrêté dans la victoire. On intercepta une lettre par laquelle le duc de Rovigo ordonnait à Dupont de ramener en hâte son armée à Madrid, pour faire face aux troupes qui arrivaient de Galice et de Vieille-Castille, sous les ordres de Blake et de Cuesta. Des prétentions hautaines les Espagnols passèrent à l'outrage. Ils reprochèrent avec amertume les excès commis par les Français en Andalousie, et, reportant sur le général le poids entier du blâme qu'avait encouru l'armée, ils en vinrent à refuser de traiter avec celui dont les premières propositions de cesser les hostilités avaient été reçues avec tant d'empressement.

Il se trouvait dans le camp français un personnage illustre que sa mauvaise étoile avait conduit sur ce théâtre de malheur. Le général Marescot, premier inspecteur général du génie et en cette qualité grand-officier de l'Empire, avait été envoyé en Andalousie pour fortifier Cadix, et préparer les moyens de prendre Gibraltar. Il était parvenu à travers mille dangers à rejoindre le corps d'observation de la Gironde, et ne s'en était pas séparé parce que la marche sur Cadix ne paraissait qu'ajournée, et surtout parce qu'on se permettait rarement, sous le règne de l'empereur Napoléon, de quitter sans son ordre le poste qu'il avait assigné. La réputation de Marescot était grande en Espagne, d'abord en raison de son mérite réel, et aussi parce qu'après la paix de Bâle, en 1795, c'était lui qui avait été chargé par le gouvernement français de remettre à l'Espagne, les places, l'artillerie et tous les objets de conquête qu'on leur restituait. Don Francisco-Xavier de Castaños, alors maréchal de camp, fut nommé par le roi catholique pour les recevoir. La libéralité avec laquelle le commissaire français s'acquitta de cette mission, laissa à ce sujet entre les deux commissaires des rapports d'estime et de bienveillance réciproques. Le moment d'en profiter était venu. Dupont supplia Marescot de diriger la négociation. L'intérêt de l'armée et le danger imminent et individuel que couraient les soldats, vainquirent sa répugnance. Il se rendit à Andujar. En sa considération, Castaños consentit à renouer la négociation par égard pour le nouveau négociateur.

Ces retards prolongeaient et aggravaient les souffrances des Français. Les malheureux étaient entassés au nombre de huit mille hommes au milieu de cinq cents voitures et de trois mille chevaux, sur un espace de douze cents toises carrées infecté par l'odeur des cadavres d'hommes et de chevaux en dissolution et qu'on ne pouvait enterrer dans la terre durcie par la sécheresse. L'armée espagnole se grossissant autour d'eux les traquait et les resserrait toujours davantage, de manière qu'ils ne pouvaient plus se mouvoir ni en avant ni en arrière. La division qui était devant Baylen les empêchait de puiser de l'eau à la seule fontaine qu'il y eût sur le terrain. Ils étaient obligés pour boire de descendre dans le vallon de la Rumblar sous la fusillade des paysans qui s'étaient joints aux flanqueurs de don Juan de la Cruz; hommes et chevaux tombaient d'inanition. Bien qu'en accordant la suspension d'armes Reding et Castaños se fussent engagés à nourrir les Français, ceux-ci ne reçurent qu'une seule fois une faible provision de biscuit et de légumes. Le soleil dardait d'aplomb sur les soldats étendus à terre auprès des oliviers flétris. La chaleur était si grande que le feu prenait aux herbes sèches, et on était obligé à chaque instant de déplacer les caissons d'artillerie pour prévenir les accidens.

Cependant l'aide-de-camp Meunier, envoyé le 19 par Vedel au quartier-général de Reding et n'y trouvant plus le capitaine Villoutreys déjà parti pour Andujar, était parvenu jusqu'au général Dupont. C'était un officier d'un coup-d'œil pénétrant et d'une conception vigoureuse. Il rentra le 20 au matin, apportant l'ordre du général en chef pour rendre aux Espagnols les soldats, les canons et les drapeaux qu'on leur avait pris, et conseillant de ne pas l'exécuter.

« J'ai vu nos camarades, disait-il tout haut dans » le camp ; ils sont démoralisés, pétrifiés, » anéantis. Nous sommes perdus si le général » ne se déclare pas indépendant. » Il y a loin des qualités essentielles pour exécuter, dans les circonstances ordinaires, des dispositions qu'un autre a arrêtées, à la portée d'esprit nécessaire pour, dans un cas imprévu, ne prendre conseil que de soi-même, et discerner d'inspiration ce qui est juste et bon au milieu de l'extraordinaire et de l'irrégulier. Déjà Vedel avait par obéissance arrêté l'élan de ses soldats prêts à vaincre; maintenant il les dépouille des trophées de leur valeur, en vertu d'un ordre écrit sous la dictée du général espagnol et transmis à travers les rangs ennemis.

La subordination intempestive de Vedel ne le rassurait pas. La lenteur avec laquelle la négociation était conduite le rassurait encore moins. Il se répandit le bruit parmi les soldats que les Espagnols se mettaient en mouvement pour les envelopper, et des nuages de poussière qu'on voyait au loin sur la droite et sur la gauche paraissaient donner de la consistance à ce bruit. Vedel envoya au général Dupont un officier supérieur attaché à sa division, le capitaine de frégate Baste, pour proposer une attaque combinée contre les troupes de Reding; ou au moins, si le général en chef ne voulait pas courir la chance d'un combat, pour prendre part aux conférences dans l'intérêt des troupes du général Vedel.

Dupont voulait combattre encore. Ce que l'aide-de-camp Meunier lui avait dit des bonnes dispositions des troupes de Vedel, ce que le capitaine Baste venait de proposer, et plus que tout cela les souvenirs de sa gloire acquise sur les bords du Mincio, du Danube et de l'Elbe, l'émouvaient vivement. Plusieurs officiers-généraux proposaient de sacrifier l'artillerie et les bagages et de marcher tête baissée sur Baylen. Les ingénieurs disaient qu'on pourrait, en forçant le faible cordon formé par les flanqueurs de don Juan de la Cruz, gagner les montagnes et rejoindre Vedel; mais pour exécuter des résolutions plus ou moins vigoureuses, il fallait avoir des soldats à conduire. Or, les infortunés n'étaient plus soldats; c'était un troupeau dominé par les besoins physiques, sur lequel les influences morales n'avaient plus de prise. La souffrance avait achevé d'énerver les courages. Aucune étincelle, aucune saillie énergique n'apparut dans les officiers des régimens, parce que d'après leurs premières formations ils avaient été mal composés. On assure aussi que des vœux pervers partis de plus haut et le désir de conserver un butin infâme contrarièrent les vues généreuses du général en chef et d'une foule de braves. Le pillage de Cordoue et une longue indiscipline avaient détrempé les ames, et les avaient préparées à recevoir sans horreur la proposition de mettre bas les armes.

On refusa d'admettre le capitaine de frégate Baste aux conférences d'Andujar. Dupont, se sentant emporté par l'ascendant que donnait aux Espagnols son extrême détresse, donna plusieurs fois dans la journée du 20 des ordres contradictoires. Tantôt il prescrivait à Vedel de ne pas abandonner sa position, tantôt il lui faisait dire de se regarder comme libre, et de profiter de la nuit pour se retirer sur la Sierra-Morena et couvrir Madrid. Le général Vedel regarda ce dernier ordre comme le meilleur à exécuter. Laissant dans sa position seulement un escadron de dragons et quatre compagnies de voltigeurs pour en imposer à l'ennemi, il marcha toute la nuit avec le reste. Le 21, à dix heures du matin, il arriva à Santa-Elena; et quoiqu'il eût laissé en arrière plusieurs centaines de traîneurs, il se disposa à continuer sa route aussitôt que les soldats auraient pris quelque repos. En attendant, il poussa les bagages et deux bataillons sur el Viso. Un officier d'artillerie fut envoyé avec de la poudre pour préparer des mines dans les rochers de Despeña-Perros, et rendre ce défilé impraticable après que les troupes françaises y auraient passé.

Aussitôt que les Espagnols virent le mouvement, ils crièrent à la déloyauté. Ils signifièrent à Dupont que la négociation serait rompue si Vedel ne s'arrêtait point. Ils étaient donc bien grandis et les Français bien rapetissés de se plaindre de ce qui faisait leur salut! Dupont envoya en grande hâte un officier à Vedel pour lui prescrire de s'arrêter. Celui-ci ne tint aucun compte de cette transmission verbale : peu après arrivèrent à Santa-Elena, d'abord le sous-chef de l'état-major général, Martial Thomas, et ensuite le capitaine de frégate, Baste, porteurs tous deux d'ordres formels et écrits. Le général en chef ordonnait à Vedel de s'arrêter partout où on le trouverait, attendu que ses troupes étaient comprises dans un traité qui venait d'être conclu à Andujar.

Bien que l'on ne connût pas encore les conditions de ce traité, l'indignation éclata de toutes parts. Ce fut un tumulte. Les soldats ne voulaient pas entendre parler de se rendre aux Espagnols. Plusieurs chefs pressèrent Vedel de ne pas acquiescer à des conditions honteuses ; ils lui représentèrent que Dupont, ne jouissant pas de sa liberté, avait perdu le droit de les commander ; qu'on était maître des gorges, et qu'on avait douze heures d'avance sur l'ennemi. Fidèle aux règles de la subordination qu'il s'était imposées, Vedel prescrivit aux officiers supérieurs de calmer l'effervescence des soldats, et d'attendre avec résignation les ordres ultérieurs qui seraient donnés. Ces ordres ne se firent pas long-temps attendre. Vedel reçut dans la nuit la convention qui ne fut signée et ratifiée que le lendemain. Par cette convention, les troupes sous les ordres immédiats du général Dupont étaient prisonnières de guerre. Les divisions de Vedel et de Dufour ne dévaient qu'évacuer l'Andalousie; mais l'évacuation devait se faire par mer, et provisoirement on désarmerait les prisonniers, comme ceux qui ne l'étaient pas, sauf à rendre aux derniers l'artillerie et les armes au moment de leur embarquement.

Quand cette notification fut faite aux troupes, les officiers avaient réussi et au-delà à calmer l'effervescence des soldats. Il s'était répandu dans le camp des bruits alarmans sur des colonnes espagnoles, passant par derrière, envahissant la Manche. Ceux qui étaient venus du quartier-général de Dupont disaient aux soldats que la vie de huit mille de leurs camarades dépendait de leur résignation à un sort qui, après tout, n'avait rien de bien rigoureux, puisqu'ils devaient être ramenés en France avec leurs armes et sans avoir perdu l'honneur. Ces paroles firent impression sur la multitude. Vedel ayant rassemblé un conseil de guerre pour aviser au parti à prendre, sur vingt-trois officiers-généraux ou supérieurs, quatre persistèrent dans l'opinion de la veille de continuer leur marche sur Madrid. Tous les autres opinèrent à obéir passivement et aveuglément aux ordres du général en chef. Cet avis l'emportant à une si grande majorité, le général Vedel s'y conforma.

Bien plus, la chaîne acceptée à Andujar servit à lier de braves gens qui ne savaient même pas qu'on eût combattu et auxquels, puisqu'ils étaient hors de l'Andalousie, aucun article de la convention n'était applicable même dans le sens le plus étendu. Le capitaine Villoutreys, le même qui avait entamé près de Reding cette convention déplorable, partit sous l'escorte d'un détachement de cavalerie espagnole pour la porter à Madrid. Il dirigea sur Baylen les détachemens de troupes françaises qui gardaient les bagages et les magasins de vivres à el Viso et Santa-Cruz de Mudela. A la vue des ordres dont cet officier était porteur, le commandant de Manzanarès eut la faiblesse d'amener aussi son bataillon à ce rendez-vous de malheur, quoiqu'il en fût à plus de vingt-cinq lieues. Avec la doctrine qu'on s'était formée au corps d'observation de la Gironde sur les droits du commandement et la sainteté des obligations, les garnisons de Pampelune et de Saint-Sébastien, si elles eussent été formées de troupes aux ordres de Dupont, eussent été comme les autres obligées de venir se faire décimer. Le chef de bataillon Saint-Église de la division Dufour, qui commandait un bataillon de la communication à Madrilejos, fut le premier qui ne se regarda pas comme obligé par la convention d'Andujar.

Le 23, les troupes de Dupont, après avoir défilé devant Castaños et Lapeña, généraux qui ne les avaient pas combattues, mirent bas les armes, et se constituèrent prisonnières au nombre de huit mille deux cent quarante-deux hommes. Vedel en avait neuf mille trois cent quatre-vingt-treize. Ils remirent le 24, à Baylen, leur artillerie et leurs fusils réunis en faisceaux sur le front de bandière à des commissaires espagnols qui en dressèrent un inventaire. Il avait été convenu que les fusils seraient transportés sur des voitures à la suite de la colonne, et rendus ainsi que les canons au moment de l'embarquement. On n'en fit rien; et les victimes de l'obéissance, de l'obéissance passive furent confondues dans le même traitement avec les vaincus. Ni les uns ni les autres ne devaient plus revoir leur patrie. Le cruel pressentiment qu'ils en eurent, ajouta à la confusion qu'ils éprouvaient d'avoir mis bas les armes devant un ramassis de soldats à demi-vêtus, mal armés, mal ordonnés. Bientôt accoururent de plusieurs lieues à la ronde, sur le passage des prisonniers, les paysans exaspérés par les maux qu'ils avaient soufferts. Les prisonniers furent accablés d'outrages. On leur réclamait avec menaces et injures les vases sacrés des églises de Cordoue et de Jaën. Pour empêcher le sang de couler, les colonnes ne passèrent pas dans les villes, Castaños adressa des proclamations de paix à ses concitoyens; plusieurs fois les soldats espagnols de l'escorte furent obligés d'employer la force pour contenir le peuple et pour sauver la vie à ceux qu'ils étaient chargés d'escorter, mus par cet intérêt qui conduit les hommes de guerre à protéger un malheur où ils peuvent tomber d'un jour à l'autre. A Puerto de Santa-Maria il y eut, contre les Français, une descente de quatre à cinq mille paysans qui, réunis au peuple de la ville, voulurent les massacrer. On eut peine à faire échapper les officiers-généraux sur des chaloupes qui les conduisirent au fort de Saint-Sébastien à Cadix. Les officiers-généraux et d'état-major furent les seuls qu'on envoya en France. La troupe, officiers et soldats, après avoir passé quelque temps dans des villages autour de Cadix, fut entassée sur des pontons dans la rade de Cadix, et on ne les en tira que long-temps après pour leur faire endurer une captivité plus rude, en les mettant à la merci du haineux gouvernement d'Angleterre. A l'exception d'un petit nombre de soldats qui, ayant pris service dans les troupes espagnoles, repassèrent ensuite sous leurs anciens drapeaux, et d'autres qui parvinrent à s'échapper de la rade de Cadix, tout ce corps d'armée fut perdu pour la France.

Quand Napoléon apprit le désastre de Baylen, il ne frappa point de sa tête les murs de son palais; il ne s'écria point : « Varus, » Varus, rends-moi mes légions. » La perte de dix-sept mille soldats novices était facile à réparer pour celui qui disposait de la vie de quarante millions d'hommes. Mais il versa des larmes de sang sur ses aigles humiliées, sur l'honneur des armes françaises outragées. Cette virginité de gloire qu'il jugeait inséparable du drapeau tricolore était perdue pour jamais, le charme était rompu, les invincibles avaient été vaincus, rangés sous le joug, et par qui?... par ceux que, dans la politique de Napoléon, il importait de considérer et de traiter comme un ramassis de prolétaires révoltés. Son coup-d'œil juste et rapide perça dans l'avenir. Par la capitulation d'Andujar [1], la Junte, qui n'était auparavant qu'un comité d'insurgés, devenait

[1] En Angleterre et dans tout pays libre et régulièrement gouverné, la convention d'Andujar eût été l'objet d'une enquête solennelle. Les Français n'en eurent même pas connaissance. Les caprices du despotisme ne sont pas toujours d'accord avec ses propres intérêts. Que devait faire Napoléon ? Que lui indiquaient même les calculs d'utilité ? Il eût fallu donner la plus grande publicité à cette affaire, appeler de l'Espagne enorgueillie par un succès inespéré à la raison froide et éclairée des parties non intéressées. Il aurait été démontré, par une enquête judiciaire et impartiale, que la puissance française n'était pas entamée ; que la gloire était à peine atteinte ; que le vainqueur avait profité inopinément et presque à son insu d'un enchaînement et d'une complication de fautes et de malheurs, tels que ces mêmes données, combinées ensemble de mille manières différentes avec les mêmes hommes et dans les mêmes circonstances, n'auraient pu donner deux fois le même résultat. Si les juges eussent trouvé des coupables, le souverain avait le droit de pardonner des erreurs à un mérite reconnu, à d'anciens et signalés services. Il se serait ainsi réservé

un gouvernement régulier, une puissance. L'Espagne dut tout-à-coup apparaître à es

le bonheur de la clémence, sans avoir perdu le profit de l'exemple. Au lieu de cela, un voile épais couvrit les événemens désastreux de Baylen. Il n'en transpira que ce qu'il était impossible de soustraire à la curiosité publique. On sut que les officiers généraux qui avaient eu part à ces événemens, étaient arrêtés et enveloppés dans le même sort, quelle que fût la différence de leur situation et même de leurs opinions.

En 1809, l'Empereur aperçut sur la place de Valladolid le général de brigade Legendre, chef d'état-major du général Dupont, et qui, en cette qualité, avait apposé des signatures officielles aux copies du traité d'Andujar. Une crispation nerveuse parut le saisir, et il adressa au général Legendre ces dures paroles : « Comment, général, votre main ne s'est pas séchée, quand vous avez signé cette infâme capitulation ? » Dans la suite, ceux qui voyaient Napoléon de près ne l'entendirent jamais parler de Baylen, sans lui voir éprouver une indignation, que les suites déjà patentes du malheureux événement ne justifiaient que trop.

Le bruit courut en Europe, et les journaux anglais le propagèrent ou le répétèrent, que le général Dupont avait été mis à mort dans un donjon. La pitié s'attacha à un homme estimé, qu'on considérait comme victime yeux fière, noble, passionnée, puissante, telle qu'elle avait été aux jours de son âge héroïque.

du despotisme. Un plus vif intérêt encore s'attacha au général Marescot, qui, fort de son innocence et de la pureté de ses intentions, demanda un jugement avec éclat. Il avait voulu être utile à ses compatriotes; il était déjà assez malheureux pour voir, sans y avoir été contraint, son nom illustre associé à des événemens désastreux auxquels il était étranger. On se demandait comment on pouvait regarder comme coupables, un général subordonné, dont le sort avait été un excès de subordination et d'obéissance; un autre, qui, chargé de discuter la capitulation sous les yeux du général en chef, n'avait été que le rédacteur; enfin, le chef d'état-major, qui, n'ayant d'autres fonctions que d'enregistrer et transmettre les volontés de son chef, n'avait pas même le droit de contrôle.

Quatre ans après, quand d'autres événemens avaient fait oublier ceux de Baylen, Napoléon, qui allait recommencer la guerre dans le Nord, voulut, au sujet de l'affaire de Baylen, fixer la législation militaire sur des cas semblables. Un conseil d'enquête, formé d'une commission de la haute Cour impériale, s'assembla à huis-clos, interrogea les prévenus. Leurs moyens de défense et même l'opinion de la haute Cour sont restés ignorés. Un décret impérial frappa le général Dupont

L'imagination effaçait des pages de l'histoire les souvenirs décolorés des derniers rois autrichiens et de la dynastie des Bourbons, rapprochait et confondait ensemble les triomphes de Pavie et les palmes de Baylen. Quel emploi de forces et de puissance allait devenir nécessaire pour dompter une nation qui venait de sentir sa force, et qui même se l'exagérait! et quel effet sur les autres nations! L'Angleterre délira de joie; l'Europe opprimée se

et tous les autres. L'opinion publique regarda tout cela comme l'œuvre du despotisme, mais fut bientôt après distraite par d'autres catastrophes. Peu de temps après parut un décret impérial [1], par lequel il était défendu à tout général, à tout commandant d'une troupe armée, quel que soit son grade, de traiter en rase campagne d'aucune capitulation par écrit ou verbale, et qui déclare déshonorante et criminelle, et, comme telle, punissable de mort, toute capitulation de ce genre, dont le résultat serait de faire poser les armes.

[1] Décret impérial du 1er mai 1812.

tourna vers l'Espagne, et tous les peuples portèrent les yeux sur le point d'où jaillissait d'une façon si imprévue une lumière qui devait éclairer le monde.

LIVRE SEPTIÈME.

INVASION DE L'ESPAGNE.

SOMMAIRE.

Effet que produit la bataille de Baylen sur les déterminations des Français et sur les dispositions des Espagnols. — Retraite des armées françaises sur l'Èbre. — Insurrection de Bilbao. — Continuation des opérations devant Sarragoce. — Levée du siége. — Jonction du corps de Lefebvre-Desnouettes avec l'armée. — Campagne de Catalogne. — Observations sur les circonstances particulières à cette province. — Mouvement des troupes vers Lérida et Tarragone, — Combat de Bruch. Le détachement du général Schwartz rentre à Barcelone. — Le détachement du général Chabran revient de Tarragone à Barcelone. — La Catalogne entière levée contre les Français. — Coup de main de Duhesme sur la place de Girone. — Expédition du Llobregat et du Valles. — Préparatifs sur la frontière de France pour secourir le corps d'observation des Pyrénées-Orientales. — Ravitaillement du fort de San-Fernando de Figuières par le général Reille. — Tentative sur Roses. — Entreprise combinée sur Girone. — Ordre arrivé de Bayonne pour suspendre les opérations offensives. — Sommation et attaque de Girone. — Les Français se déterminent à lever le siége. — Récit de ce qui s'est passé dans les îles Baléares pendant l'insurrection de la Catalogne. — Débarquement de la garnison de Minorque. — Le marquis del Palacio proclamé capitaine-général et président de la Junte suprême. — Un détachement de troupes espagnoles se porte de Tarragone sur le Llobregat. — Escarmouches aux environs de Barcelone. — Les Espagnols arrivent en vue de Girone, la veille du jour où les Français avaient résolu d'en partir. — Combat. Abandon de l'équipage de siége, les troupes assiégeantes se retirent à Figuières et à Barcelone.

LIVRE SEPTIÈME.

INVASION DE L'ESPAGNE.

Les premières nouvelles des malheurs de Baylen arrivèrent à Madrid le 23 juillet, vagues, indéterminées, mêlées de fables et de circonstances invraisemblables. Les Espagnols y crurent, parce qu'on croit facilement à ce qu'on a désiré. Le dégoût qu'on avait pour le nouveau Roi, se fortifia de l'espoir de voir son règne finir sous peu de jours. Les généraux français rejetèrent comme apocryphes les récits dont la malveillance entretenait la multitude. Ils opposaient à ces récits la réputation personnelle de Dupont et l'incontestable ascendant des troupes de l'Empereur sur des bandes de révoltés quelque nombreuses qu'elles fussent.

Cependant la nouvelle ne tarda pas à prendre de la consistance. Les soulèvemens de la Manche se grossirent. Un convoi de cent cinquante malades, évacués du corps d'observation de la Gironde, fut massacré avec son escorte à la sortie du village de Villarta. Le 26, le Roi fit partir de Madrid le général Laval, de la division Frère, avec trois mille hommes et quatre pièces de canon, pour rouvrir la communication avec l'Andalousie. Un bataillon renforça la garnison de Madrilejos. La division du général Musnier eut l'ordre de se tenir prête à partir d'Ocaña, pour appuyer Laval. Mais celui-ci rencontra entre Tembleque et Madrilejos le capitaine Villoutreys, avec son escorte espagnole, et ayant acquis par lui l'affreuse certitude du désastre, il arrêta son mouvement et envoya demander de nouveaux ordres à Madrid.

Aussitôt le Roi assembla un conseil de guerre des officiers-généraux. Le maréchal Moncey qui, au premier soupçon du malheur de Baylen, avait conjuré le Roi de lui permettre d'y courir avec un corps d'armée, fut d'avis d'appeler Bessières, et de combattre tous réunis en avant de Madrid. Belliard, chef d'état-major général, dont l'opinion faisait autorité à cause de la justesse de ses vues et de sa longue habitude des affaires de guerre, opina pour concentrer les troupes sur Sarragoce, qu'on supposait pris ou près de l'être, pendant que le corps d'armée de Bessières tiendrait seul la ligne du Haut-Èbre. Le duc de Rovigo, prévoyant jusqu'où l'incendie allait s'étendre, et n'y voyant de remède que dans les déterminations puissantes de l'Empereur, proposa d'aller par la grande route de Bayonne au-devant des renforts, sauf à s'arrêter et prendre position en chemin, en prenant conseil des circonstances. Le duc de Rovigo, bien que depuis l'arrivée du Roi il n'eût plus le commandement en chef, avait conservé la haute-main sur les opérations. Son avis prévalut au conseil. La retraite fut décidée : on désarma les forts, on évacua les hôpitaux sur Bayonne. Le général de division Musnier eut l'ordre de rassembler à Madrid les troupes restées à Ocaña, Tembleque et Madrilejos, en avant de cette capitale. La garnison de Ségovie eut l'ordre d'aller attendre l'armée à Buitrago. Bessières eut pour instruction de s'établir à Mayorga, jusqu'à ce que le Roi lui eût fait connaître ses intentions ultérieures, et de faire en sorte d'occuper Zamora, si la place était dans un état de défense qui permît à la garnison qu'on y mettrait, de tenir pendant quelque temps. Il fut prescrit au général Verdier de lever le siége de Sarragoce, ou bien d'évacuer cette place, si elle était déjà prise; d'envoyer à Pampelune l'artillerie de siége, les malades, et une garnison de deux mille soldats valides, et de se porter avec le reste de ses troupes sur Logroño, en passant par Tudela. L'intention de S. M. C., était-il dit dans les instructions données à chacun, est de concentrer tous ses moyens pour livrer une bonne bataille aux ennemis.

Tome IV Pages

joseph réunissait le double caractère de roi
et de général en chef. pour le chef des armées
françaises, abandonner madrid, c'était une
opération simple et de la nature de celles
qu'amènent naturellement les chances de la
guerre. pour le roi d'espagne, sortir de sa
capitale huit jours après y être entré, deux
jours après que les étendards de castille avaient
été arborés en son nom royal, c'était pour
ainsi dire renoncer à la couronne. l'esprit
d'opposition triomphait, la foi des partisans était
ébranlée. joseph apprécia la position délicate des
hommes publics et des grands de sa cour. il leur
laissa ~~[illegible]~~ la liberté de faire ce qu'ils
jugeraient de plus convenable à leurs intérêts ou de
plus conforme aux idées qui les attachaient aux
… et patrie

Litho de Mantoux, rue du Paon S.t André N.° 1

Joseph réunissait le double caractère de roi et de général en chef. Pour le chef des armées françaises, abandonner Madrid, c'était une opération simple et de la nature de celles qu'amènent naturellement les chances de la guerre. Pour le roi d'Espagne, fuir de sa capitale huit jours après y être entré, deux jours après que les étendards avaient été arborés en son nom royal, c'était pour ainsi dire renoncer à la couronne. L'esprit d'opposition triomphait. La foi des partisans était ébranlée. Joseph apprécia la position délicate des hommes publics et des grands de sa cour. Il leur laissa la liberté de faire ce que chacun jugerait de plus convenable à ses intérêts ou de plus conforme aux idées qu'il attachait aux mots *devoir* et *patrie*.

Heureux, dans ces temps de calamité, ceux que la médiocrité de leur condition exempte des obligations spéciales qui peuvent séparer un citoyen des autres citoyens, et disposer de son existence! Parmi les Espagnols qui entouraient le trône de Joseph, tous placés au premier rang de la société, soit par leur naissance, soit par la carrière qu'ils avaient parcourue, il n'en était peut-être pas un seul qui pût désirer une révolution violente, ni former d'autre vœu que le bonheur du pays. Tous cependant ne jugèrent pas l'avenir de la même manière. Les uns, comme Azanza, O'Farril, Urquijo, Campo-d'Alange, et tous ceux qui avaient le plus travaillé à la constitution de Bayonne, pensèrent que c'était peu du combat de Baylen pour ébranler le colosse de la France. Leur opinion recevait une nouvelle force de la sainteté des sermens qu'ils avaient prêtés librement, il y avait peu de jours. Persuadés que la morale ne peut varier comme les chances de la guerre, ils déclarèrent à Joseph qu'ils le suivraient partout. Les autres, et parmi eux on comptait les serviteurs les plus affidés de Ferdinand, tels que don Pedro de Cevallos, le duc de l'Infantado, le duc del Parque, prirent la résolution de rester à Madrid et de rejoindre les armées nationales. Quand ils avaient attaché leur existence à celle du prince nouveau, c'était dans l'espoir de faire pour lui, et par lui, le bien du pays. Ce bien-être, la nation le refusait. Son éclatante unanimité ne laissait pas de doute. La capitulation de Baylen leur révéla le secret de la force populaire, presque toujours ignorée des aristocrates et des hommes du pouvoir. Avec l'aide de l'Angleterre, il leur parut possible de résister à la France. Qu'importait d'ailleurs le succès? La cause des Espagnols était juste et sacrée; le parjure envers les rois qui passent sur le trône, est une vertu quand on reste fidèle au pays qui ne passe pas.

La retraite commença le 31 juillet. Joseph ouvrit la marche avec les troupes de la garde impériale et la plus grande partie de la cavalerie. Le maréchal Moncey partit le lendemain, et fit l'arrière-garde avec le corps d'observation des côtes de l'Océan. L'armée suivit la route par Buitrago, Somo-Sierra et Aranda del Duero.

Joseph arriva le 9 août à Burgos, où il fit sa jonction avec le corps d'observation des Pyrénées-Orientales. Le maréchal Bessières avait reçu les ordres du roi à Puente de Orbigo. Il n'essaya pas de jeter dans Zamora une garnison qui eût été sacrifiée, et n'eût servi à rien pour les communications avec l'armée de Portugal. Il se replia sur Burgos par Valencia de Don Juan, Villalon et Palencia, sans s'arrêter dans les plaines de Mayorga, où son corps d'armée aurait été en l'air et isolé. Le Roi vint à Miranda avec les troupes qu'il amenait de Madrid. Le corps du maréchal Bessières prit lentement une position en colonne, de Burgos à Briviesca, occupant, par une garnison de deux cents hommes, le château de Burgos, et tenant sa cavalerie réunie à Gamonal, à une lieue en arrière.

Les Français ne furent pas suivis dans leur retraite par les armées ennemies. Bien que la difficulté de rassembler des vivres à temps pour une marche imprévue, amenât souvent des scènes de désordre, il n'y eut pas d'exaspération ni d'assassinats. On vit même, entre Madrid et Burgos, des alcades faire ramener en charrette au camp français, des soldats restés malades sur la grande route.

Mais pendant que tout paraissait paisible sur le terrain qu'on quittait, le pays qu'on allait occuper commençait à s'agiter. Des insurgés de Navarre enlevèrent les boulets de la fonderie d'Orbaiceta à portée de fusil de la frontière de France. D'autres, sous la direction d'un habitant du pays appelé Legoaguerri, formaient aux environs de Larraga et de Lerin, des rassemblemens assez considérables pour forcer le général de brigade d'Agout, commandant à Pampelune, à envoyer contre eux une colonne mobile. A Tolosa, sur la ligne même de communication parcourue par les soldats allans et venans, éclata un commencement de soulèvement qui fut apaisé par le concours de la prudence de l'autorité civile avec la force militaire. Bilbao, ville populeuse et commerçante au milieu des montagnes, habitée par un peuple fier et ami de l'indépendance, en communication continuelle avec les insurgés de Santander et avec les croisières anglaises, secoua l'obéissance de Joseph, forma une Junte, arma ses habitans et demanda des secours à John Hunter, consul anglais dans les Asturies. Celui-ci fit partir en toute hâte de Gijon, le major Roche avec une frégate et un brick chargé de douze pièces d'artillerie de campagne approvisionnées, cinq mille fusils, d'autres armes et quatre millions de réaux. Mais le convoi n'arriva pas à temps. Le Roi avait appris, avant d'arriver sur l'Èbre, l'insurrection de Bilbao. Alors se trouvaient à Vitoria trois vieux régimens, les quarante-troisième et cinquante-unième d'infanterie, le vingt-sixième de chasseurs à cheval et une batterie de quatre canons arrivant de France. Le général Merlin, officier français au service de Joseph, marcha à leur tête contre les insurgés. Bilbao bâtie dans une vallée étroite et profonde n'est pas susceptible de défense. Les insurgés allèrent au-devant des Français jusqu'à une demi-lieue de leur ville. Le 16 ils furent culbutés, dispersés ; deux chefs et un bon nombre restèrent sur le champ de bataille. L'Anglais Roche alla se présenter devant Urdiales; mais les habitans effrayés de l'approche des Français, le prièrent de ne pas les compromettre, en débarquant dans leur ville ses dangereux présens. Pour achever de ramener la paix dans le pays, le Roi y envoya comme commissaire extraordinaire son ministre de la marine, l'homme le plus considérable et le plus considéré de Bilbao. Massaredo rassembla les députés des cent treize communes qui ont droit de vote à l'assemblée générale de la seigneurie de Biscaye, et leur fit jurer amour, fidélité, obéissance au roi Joseph Napoléon. Il n'y avait que la force pour garantir l'observation de sermens extorqués par la force.

La droite étant ainsi assurée, l'armée française s'étendit par sa gauche jusqu'à Logroño pour rallier les troupes employées au siége de Sarragoce. Nous les avons laissées emportant d'assaut, le 4 août, une partie de la ville. Le lendemain on apprit que les débris de la colonne battue le 30 juillet à Osera par le général Habert, s'étaient grossis de plusieurs détachemens de soldats arrivés de Catalogne et d'une foule de paysans armés venus de Huesca, et qu'ils avaient pris position à Villa-Mayor. Lefebvre Desnouettes s'y porta et rejeta sur la rive gauche du Gallejo, ce qui avait déjà passé cette rivière. Mais n'ayant avec lui que deux faibles bataillons, le régiment de lanciers polonais et point d'artillerie, il ne se jugea pas assez fort pour attaquer la position de Villa-Mayor, et il appela à lui d'autres troupes et du canon. Ce renfort marchait le 6 pour le rejoindre, lorsqu'arriva au camp l'ordre du roi d'Espagne pour renoncer à l'entreprise de Sarragoce.

Verdier blessé à l'assaut avait remis le commandement actif à Lefebvre; mais les deux généraux continuaient à diriger les opérations, de concert avec le colonel du génie Lacoste, aide-de-camp de l'Empereur. Ils firent repasser l'Ebre aux troupes, ne conservant à la rive gauche que la tête de pont. On ne pouvait pas penser à transporter en peu de jours et sans moyen de transport, de Sarragoce à Pampelune, un équipage de siége qui avait coûté un mois de temps et l'emploi des ressources de toute la Navarre pour le faire venir de Pampelune à Sarragoce. Il fut résolu que l'équipage serait détruit. Cette résolution et la levée du siége furent retardées d'une manière imprévue.

Plusieurs officiers de l'état-major du prince de Neuchâtel étaient répandus en Espagne, pour tenir le major-général au courant de ce qui se passait, presser et coordonner l'exécution des ordres généraux, et même au besoin résoudre les questions de conflit. Cette destination spéciale leur donnait, aux yeux des chefs militaires, une importance d'occasion plus grande que ne l'indiquait leur rang dans l'armée. Un de ces officiers, Monthion, récemment nommé général de brigade, commandait à Vittoria ; la levée du siége de Sarragoce, faite hâtivement et même avant que le Roi fût arrivé sur l'Èbre, lui parut funeste aux intérêts de l'armée. Il écrivit au général Verdier que, d'après les nouvelles de Madrid, le chef d'état-major général Belliard devait donner de nouvelles instructions ; qu'il fallait en attendant regarder comme non avenues les dernières données, et que l'opération de siége devait être poussée avec vigueur.

D'après cette espèce de contre-ordre, tout resta stationnaire devant Sarragoce, mais on se garda bien de répandre du sang pour conquérir des ruines encombrées de cadavres et à demi incendiées, qu'on serait probablement obligé d'abandonner sous peu de jours. Il ne resta dans la ville que le nombre de troupes nécessaires pour défendre les maisons occupées. Cependant on continua à se tirailler à travers les trous dont furent percés les toits et les murs. Le canon des batteries ne cessa pas non plus ses feux. Les murs d'enceinte furent démolis, et l'on fit, en arrière, des lignes fortifiées pour contenir les troupes, et des boyaux de communication avec les troupes restées dans la ville. La transition d'une offensive prononcée à une défensive presque absolue n'était pas sans danger. Les assiégés étaient instruits depuis huit jours de la victoire remportée par l'armée espagnole d'Andalousie. Leur communication avec le pays était entièrement libre par la rive gauche de l'Èbre. L'espoir d'une prompte délivrance augmentait encore l'énergie dont ils avaient donné des preuves si éclatantes, lorsqu'ils étaient abandonnés à eux-mêmes.

Le 8, les troupes aragonaises se montrèrent à la rive droite de l'Èbre, comme si elles eussent voulu entreprendre sur la tête de pont. Les Français évacuèrent leurs blessés et leurs malades sur Pampelune, sous une forte escorte, dont partie fut destinée à former la garnison de cette place, et le reste à assurer le point important de Tudela, contre les attaques de deux corps insurgés; on avait appris qu'ils se rassemblaient en force, l'un aux environs de Calatayud, l'autre du côté opposé du fleuve, près de Tauste. Le général Verdier suivit l'évacuation des malades à cause de sa blessure, et remit le commandement à Lefèbvre-Desnouettes.

Le 13 on reçut du quartier-général de Burgos l'ordre définitif de lever le siége et de prendre position à Milagro, au confluent de la rivière d'Alagon et de l'Èbre. On détruisit à la hâte l'attirail d'artillerie de siége, et l'on jeta les pièces dans l'eau. Le corps de troupes s'éloigna le 14, de Sarragoce, conduisant un parc de campagne de vingt-deux bouches à feu, dont plusieurs avaient été prises à l'ennemi, et vint en trois jours à Tudela. Le lendemain de son arrivée dans cette ville, on vit paraître quelques troupes espagnoles sur la route par laquelle on était venu. C'était l'avant-garde des troupes de Valenciens et de Murciens, aux ordres des généraux Saint-Marc et Lamas, qui, grossie par le corps du baron de Versaye, formait un effectif de seize mille hommes, dont cinq à six mille anciens soldats. Cette armée dont le général Lefebvre-Desnouettes n'avait pas eu connaissance, entra dans Sarragoce vingt-quatre heures après le départ des Français, et ne fit que traverser la ville. Un escadron de cavalerie qui marchait devant elle, fut chargé, à Fontelas près Tudela, par les lanciers polonais, et rejeté sur les troupes avec perte d'un bon nombre de prisonniers. Les Espagnols quittèrent la grande route et longèrent les hauteurs vers Ablitas et Malon, comme pour aller à Tarazona. On supposa qu'ils marchaient par leur gauche pour se réunir à d'autres corps d'armée.

Le 20, les Français évacuèrent Tudela, et coupèrent une arche du pont. Lefebvre-Des nouettes établit son quartier-général et le gros de ses troupes à Milagro. Le général Habert fut placé avec sa brigade et six pièces de canon à Caparroso, pour couvrir la grande route de Pampelune. Le lieutenant-général portugais Gomez Freyre fut placé en intermédiaire à Villa-Franca, avec ce qui restait de Portugais qui n'avaient pas déserté. Dans cette position, le corps de Sarragoce formait la gauche de l'armée française de l'Èbre. Il fut réuni par le Roi au commandement du maréchal Moncey.

L'armée réunie sur l'Èbre était d'à peu près cinquante mille hommes d'infanterie et chevaux ; elle était fatiguée, non par les travaux et les dangers de la guerre, mais par le désappointement des expéditions avortées. Il n'y avait plus de confiance, excepté dans la petite armée de Rio-Seco. Les malades, soldats, officiers et même généraux, cherchaient à repasser les Pyrénées. Les vivres ne manquaient pas; le pays de la rive droite de l'Èbre, quoique pays de hautes montagnes, n'est pas absolument dépourvu de ressources, et les troupes y arrivaient après la récolte. On vivait aussi sur les énormes approvisionnemens accumulés depuis un an. La stagnation des opérations militaires donnait le temps de pétrir les troupes, et de faire disparaître les anomalies de l'organisation.

Outre les cinquante mille hommes que Joseph avait ramenés sur l'Èbre, il y avait encore dans la Péninsule deux armées de Français, agissant à deux extrémités presque diamétralement opposées, la Catalogne et le Portugal. Bien que leurs opérations ne fussent pas immédiatement liées aux mouvemens des armées du nord, du centre et du midi, elles en ressentaient le contre-coup.

Pour traiter d'abord de ce qui concerne la Catalogne, nous avons laissé au mois de février Duhesme établi dans cette principauté avec un corps de treize mille Français et Italiens, qu'on appelait alors le *corps d'observation des Py-*

rénées-Orientales. Nous l'avons vu enlever par ruse les forteresses de Barcelone et de Figuières. Le capitaine-général Ezpeleta se donna la peine de rassurer, par une proclamation, ceux que la brusquerie des alliés avait effrayés. Il fit avancer par les caisses de la principauté, pour la solde des troupes françaises, des fonds qui furent rendus avec fidélité. Une légère discussion s'engagea entre lui et le général français, qui demandait qu'on formât des approvisionnemens extraordinaires dans la citadelle et le fort de Mont-Joui. Elle se termina à la satisfaction du dernier. Tous les ordres qui venaient de Madrid étaient concilians et pacifiques. C'était le temps où Napoléon, attendu d'un moment à l'autre, laissait encore flotter l'Espagne entre des craintes qui n'étaient que trop justifiées, et quelques espérances qui tenaient à la loyauté du caractère national.

La Catalogne est moins une province d'Espagne qu'un petit État soumis au sceptre des monarques catholiques. Ce sont d'autres mœurs, une autre langue, une autre organisation sociale qu'en Castille. Elle diffère même tout-à-fait de l'Aragon, quoiqu'elle ait longtemps été soumise à ce royaume, après avoir perdu son indépendance. Nulle part ailleurs, dans la Péninsule, on n'a autant soif de la liberté et de l'indépendance. Nulle part ailleurs, les pères ne transmettent aux enfans plus de haine contre les Français leurs voisins. Ils leur reprochent de les avoir entraînés, pendant le dix-septième siècle, dans des révoltes continuelles contre les rois d'Espagne, et de les avoir abandonnés ensuite au ressentiment d'un maître outragé. Ils ne leur pardonnent pas de leur avoir imposé, au commencement du dix-huitième siècle, le roi qui a humilié leur orgueil et détruit leurs priviléges. La guerre de la révolution s'est faite, en Roussillon et en Catalogne, avec un acharnement et une barbarie qui n'ont pas été vus sur les frontières de la Navarre et de la Biscaye. La paix n'a pas produit de rapprochement. La Catalogne, avec son long littoral et sa populeuse et commerçante capitale, est en rapport d'intérêts avec l'Angleterre. La guerre contre la France, au contraire, anime ses ports et l'inonde de capitaux. Elle s'appauvrit d'une alliance qui dessèche les sources et les débouchés de son industrie. Le système continental lui était odieux.

Ainsi l'intérêt froissé et le mécontentement général qu'avait répandu l'enlèvement déloyal des forteresses, rendaient l'insurrection plus imminente que dans le reste de l'Espagne. Si Madrid eût reçu le Roi nouveau avec enthousiasme, il est possible que la jalousie naturelle aux Catalans contre les Castillans, se fût réveillée. Au moins, on peut assurer que l'Angleterre, établie comme elle l'était dans les îles de la Méditerranée, n'aurait pas manqué de moyens pour soulever la Catalogne et y entretenir un foyer d'insurrection contre la puissance française.

Mais Madrid sonna le tocsin la première au

2 mai, et cette fois la Catalogne et la Castille confondirent leurs animosités particulières dans l'horreur qu'inspirait l'oppression étrangère. Le régiment d'Estramadure, qui faisait partie de la garnison de Barcelone, reçut de la Junte suprême de gouvernement, soumise aux volontés du grand-duc de Berg, l'ordre d'aller à Lérida. Les habitans de cette ville avaient déjà reçu l'impulsion de l'Aragon qui en est tout près. Se défiant d'un mouvement qui les mettrait à la disposition des troupes soldées, et de ceux qui en disposaient, ils déclarèrent qu'ils ne voulaient pas de troupes chez eux et se chargèrent de garder eux-mêmes leur ville. Le régiment d'Estramadure n'alla pas plus loin que Tarrega. Il se forma à Lérida une Junte provinciale, qui s'intitula Junte suprême de Catalogne et se mit en communication avec les Juntes de Sarragoce et de Valence. En même temps le peuple de Manresa déchira et brûla les proclamations de Murat, et les conventions frauduleuses de Bayonne.

Les Français ne s'étaient encore montrés que sur la grande route de Perpignan à Barcelone. Un faible bataillon était resté en garnison à San-Fernando de Figuières. Le reste de l'armée était cantonné le long de la mer de Mataro, jusqu'au Llobregat, mais la plus grande masse dans la ville de Barcelone; car le plus grand soin de Duhesme devait être de contenir une ville de cent trente-cinq mille habitans et une garnison de près de quatre mille soldats. Cette garnison consistait en un régiment d'artillerie et les gardes espagnoles et wallonnes, et le régiment des cuirassiers de Bourbon. Les soldats sortaient par bandes et en plein jour par les portes, et la nuit ils descendaient, avec des cordes, des murailles dans le fossé. Loin que l'autorité militaire française empêchât la désertion, elle l'encouragea sous main. Même le général Duhesme autorisa un bataillon des gardes espagnoles à sortir de la ville en ordre, pour aller à Villa-Franca. Le mal que pouvaient faire ces individus au dehors, n'était pas comparable à celui qu'on devait en craindre au dedans, si cette force organisée, redoutable et composée de corps d'élite, venait à se mettre à la tête d'une population irritée, et à lui donner une direction.

Le corps des Pyrénées-Orientales eut bientôt sa part à remplir dans l'exécution du plan tracé pour la prise de possession de la Péninsule; on craignit d'autant moins de l'affaiblir, qu'on regardait la possession de la Catalogne comme assurée par l'occupation de Barcelone. L'Empereur envoya au général Duhesme l'ordre de porter quatre mille hommes sur Sarragoce, et autant sur Valence. Ceux-ci étaient destinés à pousser sur Carthagène aussitôt qu'on serait entré à Valence; les autres devaient s'emparer, chemin faisant, de Lérida. On donna la commission de Sarragoce au général Schwartz, qui eut sous ses ordres les trois bataillons du deuxième suisse, des bataillons italiens et napolitains, un escadron de cavalerie et quatre pièces de canon. Le général de division Chabran eut l'autre mission, avec les septième et seizième de ligne, la brigade de cavalerie du général Bessières, et huit pièces de canon. Duhesme ajouta aux instructions du premier de faire un détachement pour châtier, par une contribution et des menaces, l'insurrection de Manresa, de détruire les moulins à poudre après avoir fait transporter à Barcelone la poudre fabriquée, de châtier aussi Lérida, d'emmener avec lui les Suisses s'il prenait cette ville, et de laisser à leur place cinq cents hommes de sa colonne dans le château. Au reste, il avait l'ordre de ne faire contre Lérida qu'un effort passager; Sarragoce était l'objet principal de sa marche. Quant à Chabran, il devait aussi mettre garnison dans Tarragone et emmener avec lui, de gré ou de force, le régiment suisse de Wimpfen, et quand il serait arrivé à Castellon de la Plana, le maréchal Moncey lui donnerait des ordres.

Les deux colonnes partirent le 2 juin de Barcelone. Schwartz passa la journée du 5 à Martorell, arrêté par une pluie violente, et attendant que le reste de sa colonne l'eût joint. Pendant ce retard, la nouvelle de sa marche se répandit dans la montagne; Manresa trembla de l'imprudence qu'elle avait commise en s'insurgeant; Igualada frémit comme étant la première ville sur la grande route. Dans les deux villes on sonna le tocsin, et bientôt sortirent de toutes parts les *Somatènes*.

Somatènes est le nom que, de temps immémorial, on donne en Catalogne à la population armée; si les circonstances exigent le service d'un petit nombre de Somatènes, c'est leur ville ou leur village qui les choisit, les arme, les paie, et nomme celui d'entre eux qui commandera les autres. Si le danger de la patrie appelle tout le monde aux armes, alors partent en masse tous les mâles de l'âge de seize à soixante ans, et comme il n'y a jamais assez de fusils pour une si énorme multitude, l'un prend une vieille épée, l'autre une pique, et un troisième transforme en arme de guerre un instrument de labourage. Ainsi il arriva à Manresa. La poudre ne manquait pas, mais les balles; on y suppléa. Le fils d'un petit marchand de Manresa, Francisco Riera, surnommé, à cause de la boutique de son père, *el fil de la botigueta*, le même qui avait brûlé les proclamations des Français, se mit à la tête des cent les plus échauffés et les mieux armés, et après avoir communié marcha à la rencontre de l'ennemi. Deux ou trois cents hommes d'Igualada accourent précédés d'un énorme crucifix de bois que portait un capucin, et se joignent à eux. Le feu gagne dans les districts voisins de Calaf, San-Pedro, Sellent, Cervera, Cardona et Solsona. Le rendez-vous des patriotes est indiqué près des maisons de Bruch, vers l'embranchement de la route royale de Lérida avec le chemin de Manresa. Ils ne consultaient ni leur nombre, ni la force de leurs ennemis ; ils marchaient avec une intrépidité fille de la confiance et de l'ignorance.

Schwartz, parti le 6 au matin de Martorell, marchait dans un pays coupé, boisé et montagneux, avec aussi peu de précaution que s'il eût dû traverser une plaine dans un pays ami. Sa colonne avait à peine dépassé Bruch, qu'il fut assailli par une grêle de balles, partant d'entre les arbres et des recoins des rochers, sans qu'on aperçût un seul de ceux qui tiraient les coups de fusil. Schwartz masse sa colonne, détache des tirailleurs, et marche en avant; les Somatènes se retirent en faisant feu, les uns vers Igualada, les autres par le chemin de Manresa; l'avant-garde de Schwartz arrive à Casa-Masana et s'y arrête; le corps de la colonne fait halte au-dessus des maisons de Bruch; les soldats mangent la soupe.

L'ennemi s'arrête : donc nous sommes les plus forts. Ce raisonnement évident pour des hommes ainsi engagés circule de bouche en bouche; ceux qui s'étaient retirés reviennent sur leurs pas; d'autres troupes de Somatènes, qui n'avaient pas encore combattu, arrivent; l'attaque recommence. Parmi les plus audacieux sont ceux de San-Pedro, plus nombreux que les autres, et qui se croient plus redoutables, parce qu'ils ont un tambour à leur tête. Ce tambour ranimant les incertains du son de sa caisse, et leur indiquant dans le taillis et les broussailles la direction qu'ils doivent suivre, fit précisément le métier que faisait un général en chef dans l'enfance de la guerre. Un feu assez vif s'engage entre les paysans et l'avant-garde des Français. Schwartz, ancien colonel de cavalerie, et quoique vieux de service, jeune dans ce genre de guerre, calcula avec effroi les obstacles qu'il aurait à surmonter, les troupes qu'il rencontrerait sur une route de soixante-dix-sept lieues de montagnes, avec plusieurs places fortes et une population exaspérée et grossissant. Il se jugea hors d'état d'exécuter l'ordre qu'il avait reçu, et prit le parti de rentrer dans Barcelone.

La retraite s'effectua en ordre, sous le feu d'une foule de Somatènes, dont les Français reçurent peu de mal, mais auxquels ils en firent encore moins. On devait traverser la ville d'Esparaguera, qui consiste en une seule rue d'un quart de lieue de long. Les habitans, en apprenant que les Français revenaient sur leurs pas, sonnèrent la cloche d'alarme, encombrèrent la rue d'arbres renversés, de meubles, et se disposèrent à faire aux Français tout le mal qui dépendait d'eux. Ceux-ci arrivent à la chute du jour, donnent imprudemment dans le piége qu'on leur avait préparé. Alors pleuvent sur eux, du haut des toits et des étages supérieurs, des blocs de pierre, des morceaux de bois, des chaudières d'eau bouillante. Le général Schwartz retire ses troupes à la hâte, les jette à droite et à gauche de la ville, et poussant sa marche dans la nuit, arrive à Martorell, sur le bord du Llobregat.

Le lendemain 8, les troupes rentrèrent à Barcelone. Duhesme, général d'une grande résolution, n'était pas homme à s'exagérer la force des Somatènes; mais le devoir d'une obéissance aveugle avait pu seul le déterminer à se défaire de plus de la moitié de ses troupes dans des circonstances difficiles, et à se réduire à six mille hommes pour tenir la Catalogne en bride. Il applaudit au parti que Schwartz avait pris de revenir, et, sans s'inquiéter du vide que causerait dans l'exécution du plan d'opération l'absence de ses troupes, il envoya à Chabran l'ordre d'en faire autant, et il porta au-devant de lui un détachement pour le recevoir.

Le général Chabran était entré à Tarragone sans rencontrer d'ennemis ni sur son chemin ni dans la ville. Il reçut le 9 l'ordre de rentrer, et se mit en marche aussitôt. Mais l'étincelle électrique, partie de Manresa et de Bruch, venait d'allumer l'incendie de plusieurs arrondissemens populeux que les Français devaient traverser. Les habitans de Vendrell et d'Arbos prirent les armes, encouragés par la présence de trois cents Suisses de Wimpfen, qui étaient en marche pour rejoindre leur régiment à Tarragone. La populace de Villa-Franca et les paysans d'alentour suivirent cet exemple. Le gouverneur de la ville, don Juan de Tuda, vieillard respectable, voulait s'opposer à leur furie; ils le massacrèrent. Deux officiers du bataillon des gardes espagnoles, en garnison dans la ville, éprouvèrent le même sort. Le bataillon cerné dans ses casernes par la population, parce qu'il ne voulait pas prendre part à l'insurrection, s'échappa sous le prétexte d'aller prendre position au dehors, et se retira à Tarragone, en longeant la mer.

Quand les Français arrivèrent à Vendrell, quelques bandes de Somatènes, qui voulaient défendre cette ville, furent sabrées et rejetées sur Arbos. Là était le principal rassemblement, et l'on avait mis en batterie du canon de fer de gros calibre. La position était bonne; mais comme c'est en général un pays de plaine, les Français purent se déployer. Les voltigeurs enlevèrent la position d'emblée. Le général de brigade Bessières traversa le village à la tête d'un régiment de cuirassiers, et tailla en pièces tout ce qui lui tomba sous la main. Arbos fut pillé et réduit en cendres, conformément aux usages de la guerre. Le général Chabran épargna Villa-Franca, parce que les principaux habitans n'avaient pas pris part au désordre, et qu'il importait de séparer la cause des propriétaires et des hommes paisibles de ceux qu'il convenait à l'autorité de peindre comme un ramassis de brigands. Le 11, le corps expéditionnaire rencontra près de Vallirana les détachemens qu'on avait envoyés de Barcelone au-devant de lui, et repassa le Llobregat sans être inquiété. Le 13, il fut envoyé à Martorell et Esparaguera pour châtier les insurgés qui avaient poursuivi la colonne du général Schwartz; mais on n'y trouva aucune résistance. Les Catalans s'étaient préparés à défendre encore le passage de Bruch [1]; et de ce que Chabran ne tenta pas de le forcer, ils conclurent que ce défilé était pour l'armée française les colonnes d'Hercule.

Des soins plus importans appelaient ailleurs l'activité de Duhesme, et ce n'était pas pour laisser reposer ses troupes qu'il avait renoncé à occuper l'importante place de Tarragone. Au récit du combat de Bruch, la population entière s'était levée en Somatènes, sans attendre les ordres des supérieurs. Il s'était levé dans

[1] Les habitans firent graver sur une pierre l'inscription suivante : *Victores Marengo, Austerlitz et Iena hìc victi fuerunt... Diebus VI et XIV Junii anno* 1808.

Appeler les deux mille hommes du général Schwartz vainqueurs de Marengo, c'était bien largement abuser de la figure de rhétorique, qui prend le tout pour la partie.

chaque ville ou bourg une Junte de gouvernement. A Figuières, aux portes de France, un ancien adjudant-major, retiré du bataillon léger de Girone, don Juan Claros, ameuta les bourgeois et les paysans contre la garnison française; et, avec l'aide de quelques détachemens venus de Roses, la força à se retirer dans le fort où il la tint bloquée, espérant qu'elle se rendrait bientôt faute de vivres. Girone, grande place sur le Ter, réputée de tout temps une des clefs de la Catalogne, se mit en défense. Duhesme y avait passé en venant de Barcelone, mais n'y avait pas laissé de garnison, parce que l'Empereur ne lui avait pas donné l'ordre de le faire, et il avait eu l'imprudence d'y laisser le régiment d'Utonia, fort de trois cent quatre-vingts hommes.

La Catalogne, avec toutes ses places, tous ses forts, dont chacun avait conservé quelque noyau d'officiers et de soldats de ligne, avec ses montagnes peuplées de contrebandiers, avec ce qui restait encore des braves qui avaient fait la guerre contre les Français de 1793 à 1795 ; la Catalogne pouvait entreprendre davantage et se soutenir plus long-temps que toute autre portion de l'Espagne, contre une armée régulière. Mais la Junte suprême de Lérida entreprit de diriger vers un but plus concentré tous les efforts partiels, et de tirer parti du patriotisme exalté d'une population de huit cent mille habitans. Elle donna des ordres pressans pour l'armement des places et des forts. Elle fit armer dans les ports des flottilles de guerre. Elle se mit en rapports actifs avec les îles Baléares et les royaumes voisins d'Aragon et de Valence, qui, réunis à la Catalogne, forment la Coronilla. Mais comptant, avec raison, plus sur elle-même que sur ses voisins, elle décréta la formation d'une armée provinciale de quatre-vingt mille hommes, dont la moitié active, et l'autre en réserve. L'armée active fut organisée en quarante bataillons de *Miquelets*, *tercios de Miquelets*. Les bataillons portèrent les noms des villes. Chacun eut dix compagnies de cent hommes. On assigna aux Miquelets vingt sous (*pecetta*) par jour et le pain. Les officiers furent moins payés que ceux de la ligne. Cette troupe eut pour uniforme la veste courte et le chapeau rond à plumet, habit national des Catalans. Cette organisation dérogeait aux règles générales adoptées en même temps dans le reste de l'Espagne. C'était pour les Catalans une raison d'y tenir davantage. Ils n'auraient pas voulu pour tout au monde s'enrôler dans les régimens castillans. Ce nom de Miquelets, porté par leurs pères et renouvelé dans les guerres de la révolution, les flattait. D'ailleurs, la conduite équivoque des troupes de ligne flottant entre des devoirs positifs et l'interêt de la patrie, jetait sur elles la défaveur et le soupçon.

L'effet de cette insurrection fut de mettre en défense les places non occupées par les Français, et de rompre d'une manière permanente, la communication. Girone, déjà renommée pour le rôle qu'elle avait joué dans les guerres de Catalogne, a une population de quatorze mille habitans... Bâtie au confluent du Ter et de l'Oña, cette dernière rivière la coupe en deux parties; la plus considérable, et qui pour cette raison porte le nom de ville, est bâtie sur le penchant d'une montagne qui domine du côté de l'Est. L'autre partie est en plaine et s'appelle le Mercadal. La ville a une vieille enceinte à tours, sans terre-plein, et deux bastions, l'un à l'entrée, l'autre à la sortie des eaux de l'Oña. Le Mercadal a cinq bastions et une demi-lune; mais la place entière manque de fossés et de chemin couvert; la plus grande force consiste dans un système de forts détachés, dont est couverte la montagne de l'Est, forts communiquant avec la place. Le château de Mont-Joui, bâti sur une montagne au nord, à trois cents toises du mur d'enceinte, est un carré bastionné avec fossé, chemin couvert et deux demi-lunes. Le principal défaut de tous ces forts extérieurs est d'être étranglés dans leur tracé et de manquer de logement pour les garnisons.

Duhesme sentit la nécessité de rouvrir les communications avec la France, avant que les forces de l'ennemi fussent organisées. Il se chargea en personne de cette opération avec sept bataillons, cinq escadrons et huit pièces d'artillerie. Deux chemins conduisent de Barcelone à Girone : l'un, remontant la vallée du Besos, entre aussitôt dans les terres et passe au pied de la forteresse d'Hostalrich; l'autre longe la mer l'espace de dix lieues; c'est le meilleur des deux, et celui que suivit Duhesme. Un corsaire français qui était dans le port de Barcelone, marcha par mer à hauteur des troupes. Les troupes, parties de Barcelone le 17 juin, rencontrèrent le même jour, sur les hauteurs de Mongat, neuf mille Somatènes, qui paraissaient vouloir s'opposer à leur passage. Un lieutenant de la marine royale, don

Francisco Barullo, neveu de l'amiral de ce nom, qui bombarda deux fois Alger, dirigeait ce rassemblement. Il mit du canon dans le château de Mongat. Le général français mit les Somatènes en fuite et prit leur canon. Continuant sa marche, il emporta à la baïonnette Mataro, ville de vingt mille ames de population, qui avait osé barricader ses portes et se défendre avec de l'artillerie. Le 20, l'avant-garde se présenta sur les hauteurs de Palau de Sacosta, en face des murs de Girone. Quelques coups de canon tirés de la place annoncèrent qu'on n'y serait pas reçu pacifiquement.

En effet tout était préparé pour une vigoureuse résistance. Une nombreuse artillerie, servie par des canonniers échappés de Barcelone et par les marins des villages de la côte, garnissait les remparts. La population armée secondait les efforts du régiment d'Utonia. Les prêtres, les moines, les femmes encourageaient les soldats à se bien défendre. Le général Duhesme déploya ses troupes. La droite passa l'Oña, et menaça successivement la porte del Carmen et le fort des Capucins. La gauche s'étendit jusqu'à Salt, où elle était fusillée par les Somatènes embusqués de l'autre côté du Ter. Il établit successivement deux batteries qui firent peu de mal à la ville, et ne purent se soutenir contre l'artillerie de la place. A la nuit, le feu de la place cessa; mais entre neuf et dix heures, une colonne de troupes françaises s'approche, dans le plus grand silence, du bastion de Santa-Clara, au midi de la place; les soldats y appliquent des échelles. Les plus braves arrivent au haut du rempart; mais on les a aperçus, et à l'instant accourt par la gorge du bastion un détachement d'Utonia, qui précipite à coups de baïonnette, dans les fossés, ceux qui avaient déjà escaladé le rempart. Une heure après, une autre colonne se présente au pied du bastion de San-Pedro, à l'autre extrémité de la place; elle est aussitôt battue de front par le canon de l'enceinte et par le feu de la tour de Saint-Jean, ouvrage détaché. Partout les attaques des Français échouèrent.

Duhesme était trop habile pour s'obstiner à emporter une place de guerre avec du canon de bataille. N'ayant pas réussi à enlever Girone d'un coup de main, il retourna à Barcelone, pour y organiser des moyens plus puissans. Les Catalans avaient profité de son absence, pour former un cordon épais sur le Llobregat. Cette rivière descend des Pyrénées, coupe la principauté en deux parties presque égales, et se jette dans la mer, à deux lieues au sud-ouest de Barcelone; elle cesse d'être guéable depuis le Montserrat jusqu'à son embouchure, dès qu'il y a des pluies ou des fontes de neige dans la montagne. Un notaire de Lérida, don Juan Baget, homme ardent et populaire, nommé par la junte de Lérida colonel du *tercio* de cette ville, était accouru, avec son bataillon créé depuis quelques jours, à la position de Bruch. Les Français s'étant éloignés, il descendit à Martorell. Là, suppléant par le patriotisme à ce qui lui manquait de connaissances, et s'aidant du zèle de trois excellens patriotes, don Jose Matea, bourgeois de Capelladas, don Manuel Pometta, officier retiré, et don Juan Soso, sergent d'artillerie, il organisa le premier la ligne de défense du Llobregat. On éleva des retranchemens. Les principaux passages furent garnis de grosses pièces d'artillerie tirées des places et des batteries de côte, et ils avaient avec eux deux pièces de canon attelées. Le beau pont de pierre de Molins-del-Rey, sur la grande route de Tarragone, était coupé par un barrage.

Les positions du Llobregat furent reconnues dans la journée du 29. Le 30, le général Lecchi, à la tête de deux mille Italiens, se présenta devant Molins-del-Rey. Pendant qu'il attirait l'attention des Catalans sur ce point, les généraux Goulas et Bessières, à la tête, l'un de l'infanterie, l'autre de la cavalerie française, passèrent le fleuve à gué près de San-Boy, culbutèrent les Somatènes, et remontant rapidement la rive droite, la nettoyèrent d'ennemis, aidèrent Lecchi à déboucher, et poursuivirent l'ennemi au-delà de Martorell, après lui avoir pris toute son artillerie.

Pendant cette expédition du Llobregat, Chabran partit de Mataro avec une colonne de trois mille hommes pour faire des vivres dans le Valles. Il eut une rencontre près de Granollers avec les Miñones ou Patriotes de Vich, commandés par don Francisco Milans del Borch, lieutenant aux gardes espagnoles, ce qui lui donnait le rang de lieutenant-colonel dans l'armée. Ce fut le premier officier supérieur des troupes de ligne qui se mit à la tête des Somatènes. Partout où le moindre détachement de troupes françaises pouvait aborder ces paysans rassemblés, ils étaient aussitôt mis en fuite; mais dès que le vainqueur se retirait, ils accouraient derrière et sur les côtés: comme ils les reconduisaient à coups de fusil jusqu'à leur destination, ils avaient toujours aux yeux de leurs concitoyens et à leurs propres yeux la physionomie de troupes victorieuses.

Cependant on ne recevait plus en France de nouvelles de la Catalogne, que celles qui arrivaient par quelque barque échappée à ses risques et périls du port de Barcelone. Le général de brigade Ritai, commandant le département des Pyrénées-Orientales, partit de Perpignan avec une colonne mobile de sept cents hommes, composée de compagnies de réserve et de détachemens portugais, parcourut pendant le mois de juin les hautes vallées de Gavarnie et d'Arrajonet, et poussa jusqu'à la Junquera, première ville de Catalogne. De-là, il rendit compte du blocus de Figuières et de l'entreprise échouée sur Girone. On ne tarda pas à recevoir à Bayonne la confirmation de cette nouvelle, par le général Duhesme lui-même. Il demandait avec instance qu'on s'occupât de Figuières, afin que cette forteresse ne se rendît pas faute de vivres. Il s'engageait, dès qu'une colonne de troupes de secours paraîtrait du côté de Figuières, à en porter à l'instant même une sur Girone.

Quoique les affaires de Catalogne n'eussent pas en ce moment la même importance que les opérations militaires du nord-ouest, du centre et du midi de l'Espagne, l'Empereur sentit qu'aucune partie ne pouvait être négligée impunément dans une pareille guerre. Il chargea le général de division Reille, son aide-de-camp, après avoir été long-temps celui de Masséna, de ravitailler Figuières et prendre Roses. Ce général devait joindre une portion de la colonne de Ritai au cent treizième régiment, corps nouveau formé avec une conscription toscane, aux détachemens de marche à pied et à cheval du corps des Pyrénées-Orientales et à une batterie de six bouches à feu. D'autres compagnies départementales qui n'avaient pas encore été appelées au service actif, devaient bientôt arriver, ainsi qu'un bataillon des légions de réserve attendu de Grenoble; le bataillon valaisan, venant du Port-Maurice, et tout ce qu'on pourrait prendre dans les dépôts de la frontière des Alpes, et même dans le Piémont; de sorte qu'avant la mi-juillet, ce corps devait avoir près de huit mille combattans Avec une pareille force, Reille devait opérer sur Girone. Les trois départemens des Pyrénées-Orientales, de l'Arriége et de la Haute-Garonne, limitrophes à la Catalogne, furent mis sous son commandement. On l'autorisa à y lever des gardes nationales. On le prévint qu'à peine entré en opération, il serait appuyé par une division de réserve d'Italiens et de Napolitains, qui, déjà partie des bords du Pô, serait embarquée à Valence en Dauphiné, sur le Rhône, et conduite en poste d'Avignon à Perpignan. L'administration donna des ordres pour approvisionner, armer et mettre en défense les places long-temps négligées de cette frontière, comme Mont-Louis, Fort-les-Bains, Fort-de-la-Garde, Bellegarde et

Villefranche. On commença à fabriquer dans tous les fours de la onzième division militaire, une grande quantité de biscuit qui devait être emmagasiné dans les places de la Catalogne.

Reille arriva le 3 juillet à Perpignan. Il porta, le 4, son quartier-général à Bellegarde. Le 5, il alla à Figuières : avec de bonnes troupes, ce n'eût été qu'une promenade militaire. On laissa en France les gardes nationales, parce qu'elles auraient déserté, si on eût voulu leur faire passer la frontière. La colonne était composée des deux bataillons du cent treizième, de quelques compagnies départementales, de cent cinquante Suisses et de deux pièces de canon. Pris un à un, les conscrits toscans étaient de beaucoup inférieurs aux Miquelets, et considérés en corps, ils ne valaient guère mieux qu'eux. Reille les fit marcher en colonnes à travers les vignes et les oliviers, afin qu'ils ne se débandassent pas au sifflement des balles qu'ils entendaient pour la première fois. Arrivé au bord de la Muga, il se jeta à gauche pour éviter le pont de moulins qu'il supposait retranché et fortement gardé, et passa la rivière à gué, en face du fort de San-Fernando. Malgré le peu de danger et la vue de la forteresse qu'ils allaient délivrer, peu s'en fallut que les Toscans ne prissent la fuite, et ne laissassent l'artillerie au milieu de l'eau. La colonne perdit dans cette marche huit hommes tués, douze blessés et vingt-cinq fuyards pris par les paysans. Elle s'empara de deux pièces de canon dans la ville. On fit entrer dans le fort cinquante mulets chargés de farine et douze bœufs. Le blocus des Espagnols avait été si peu serré, et le colonel commandant dans le fort avait mis tant d'ordre dans les vivres, qu'il avait fait la moisson dans les champs voisins de ses glacis, et qu'il lui restait encore pour huit jours de pain. Il avait jeté dans la ville des bombes qui bouleversèrent les deux tiers des maisons. Il n'y resta pas un seul habitant.

Figuières ravitaillé et la garnison renforcée, Reille avait rempli le premier objet de sa mission. Quand il eut reçu quelques-uns des renforts qu'il attendait, il s'occupa des autres parties. Le 11 juillet, il prit le chemin de Roses, bourgade de pêcheurs à quatre lieues de Figuières, et fortifiée à l'est par un pentagone régulier formant citadelle, et à l'ouest par un fort isolé bâti à onze cents toises de la bourgade, sur la pointe d'un rocher que baignent les eaux de la mer. En traversant la fertile plaine de l'Ampourdan, les Français ne rencontrèrent que des visages ennemis. La population entière de Castellon de Ampurias, petite ville sur le passage, alla au-devant d'eux. Cette bonne réception fit croire au général qu'il entrerait dans la citadelle de Roses sans coup férir; mais lorsqu'il arriva, les ponts-levis étaient levés, et bien que l'enceinte fût encore ruinée jusqu'au-dessous du cordon, à l'endroit de la brèche de 1795, que les logemens n'eussent pas été réparés, qu'il n'y eût dans la place que six canons en batterie sur le front de terre, et seulement soixante canonniers auxquels s'étaient joints trois ou quatre cents Miquelets de la campagne, le commandant se crut à l'abri d'un coup de main. Aussi retint-il prisonniers contre les lois de la guerre l'officier parlementaire et le trompette qu'on lui avait envoyés. Il répondit aux paroles de paix par une vive fusillade. Le général français se disposait néanmoins à y prendre position, lorsqu'il fut averti que la contrée parcourue si pacifiquement le matin, était maintenant tout entière en armes. Don Juan Clavos avait fait sonner le tocsin partout et rassemblé sur les derrières de la marche, une masse de quatre à cinq mille Miquelets et Somatènes. Reille, s'éloignant aussitôt des remparts de Roses, revint sur ses pas, enfonça les Catalans et leur prit un canon, le seul qu'ils eussent. Il bivouaqua cette nuit près de Castellon de Ampurias, et rentra le 12 à Figuières, après avoir éprouvé, par le tiraillement continuel qu'il eut à soutenir devant Roses et pendant sa marche rétrograde, une perte de deux cents hommes en tués, blessés et prisonniers. Peu de jours après, des bâtimens anglais et espagnols vinrent mouiller à la rade de Roses et amenèrent du renfort, des munitions, des vivres à la garnison.

Au reste, cet essai infructueux n'apporta point de retard aux opérations principales. Duhesme, en apprenant le débloquement de Figuières, avait donné rendez-vous à Reille sous les murs de Girone et lui demanda d'y amener, outre un équipage de pièces de siége, un approvisionnement de bombes de dix pouces pour des mortiers de ce calibre qui faisaient partie de l'équipage tiré de Barcelone, et un approvisionnement de biscuit. Comme il était le plus éloigné, il se remit en route dès le 10 juillet avec neuf bataillons d'infanterie, trois escadrons de cavalerie formant ensemble un corps de six mille hommes, et un équipage de vingt-deux canons, mortiers et obusiers de siége, trente échelles de rempart, et tout l'attirail nécessaire traîné par les mules et les chevaux d'attelage de la ville de Barcelone. Les Catalans avaient rempli la route d'abatis et d'autres obstacles, et fait sauter en maint endroit les rochers pour la couvrir de décombres. Des partis dirigés par don Francisco Milans et par deux frères Francisco et Gérondino Besos de Guixols, fusillaient les Français en tête et en queue sur le flanc du côté de la montagne, tandis que du côté de la mer une frégate anglaise, une demi-galère et trois felouques catalanes les escortaient à coups de canon. Avec de pareils obstacles à surmonter, on ne pouvait qu'avancer lentement. Au-delà de Mataro, le général de brigade Goulas fut détaché avec trois bataillons, pour couvrir le flanc gauche de la marche, en bloquant momentanément le fort d'Hostalrich. Ce détachement rejoignit la colonne principale le 22, devant Girone. Le général Duhesme s'approcha autant qu'il put de la ville, et fit tirer quelques obus pour avertir de son arrivée les troupes attendues de Figuières. Le colonel Zenardi à la tête de son régiment, le deuxième de chasseurs napolitains, d'un bataillon italien et d'un autre français, alla au-devant du général Reille.

Celui-ci n'avait pas perdu un moment pour concourir à l'exécution de la partie du plan d'opérations qui lui était confiée. Il mit une bonne garnison dans San-Fernando de Figuières, et assura la défense de ce point de départ si important dans la guerre de Catalogne. On forma à Perpignan et à Figuières des convois d'artillerie composés de ce qui manquait à l'équipage de siége du général Duhesme. Les bataillons de renfort qui arrivaient au corps du général Reille, escortèrent ces convois; l'escorte était bien nécessaire, car les contrebandiers de la haute vallée de Moya, les Miquelets de 1795 et les Somatènes de la montagne, rôdaient sans cesse autour de la Junquera, et ne laissaient pas passer un homme, un détachement, même un bataillon, sans tomber dessus. Les arrivans de France reconnaissaient qu'ils avaient mis le pied sur la terre d'Espagne, aux coups de fusil dont ils étaient soudain assaillis. Le jeune prince de Salm-Kirbourg, officier d'ordonnance de l'Empereur, et plusieurs aides-de-camp, porteurs de dépêches, furent pris de cette manière, aussitôt après l'ouverture des hostilités.

Le 23 Reille prit le chemin de Girone. Son corps expéditionnaire, composé de cinq mille hommes d'infanterie (neuf bataillons) et quatre cents chevaux, passa la Fluvia à gué, mit le feu au village de Bascara, d'où l'on avait tiré sur la colonne, et arriva le 24 au matin à Pont-Mayor devant Girone où la jonction avec le corps de Duhesme fut opérée.

La première condition pour prendre une pareille place était de la séparer de tout rapport extérieur; ce qui exigeait une force de beaucoup supérieure à celle que les Français pouvaient employer contre elle. Aussi ne put-on point penser à faire un blocus en règle. Les deux corps agissans communiquaient ensemble, d'une part, en avant de Pont-Mayor, et de l'autre, par des gués jalonnés sur le Ter vis-à-vis Santa-Eugenia. A la première crue des eaux, cette dernière communication ne pouvait manquer d'être interrompue. Comme les corps étaient composés inégalement, on mêla ensemble des corps anciens et des corps nouveaux, afin de répartir les charges également. Bien que Reille ne fût pas explicitement sous les ordres de Duhesme, il s'y mit de lui-même, ayant trop de lumières pour ne pas sentir que la concentration du commandement était indispensable, et trop de patriotisme pour ne point faire dans l'intérêt du service, ce que lui conseillait sa raison. Le général Duhesme fit construire sur l'emplacement des anciennes tours abandonnées de Saint-Louis et de Saint-Daniel, deux batteries dont l'une, composée de deux pièces de seize, devait battre en brèche le fort, tandis que l'autre de deux pièces de douze longues et deux obusiers de six pouces devait éteindre les feux et rendre le poste intenable. Un ouvrage et une batterie de deux pièces de seize furent établis pour ricocher la face du bastion San-Pedro et abattre le mur d'enceinte de la porte de France. Pour seconder cette attaque principale, on dressa une batterie de deux obusiers et une pièce de seize en amont de l'Oña, contre le bastion de Santa-Clara, et on établit une batterie d'obusiers à Casa del Roca joint à la batterie de ricochet, et près du village de Santa-Eugenia une batterie de mortiers destinés à incendier la ville.

Les travaux du siége se firent avec une extrême lenteur : tout manquait, et il fallait à chaque instant envoyer chercher à Figuières ce dont on avait besoin. Quelque bien escortés que fussent les convois, ils avaient à faire le coup de fusil contre les troupes de don Juan Claros. Devant Girone, les soldats ne pouvaient pas s'écarter du camp, sans y être ramenés précipitamment par les paysans et par les Miquelets de don Francisco Milans. Il fallait des détachemens continuels, pour n'avoir pas sans cesse les Miquelets sur les bras. Les vivres manquaient. On avait trouvé du blé dans les fertiles plaines qui avoisinent Girone; mais faute de moyens de mouture, les soldats étaient réduits à manger de la bouillie, plusieurs n'avaient pas même de quoi subsister. Les maladies se mirent dans le corps assiégeant, et surtout parmi les troupes de Reille, composées de jeunes soldats. Les assiégés, au contraire, étaient en santé. Loin qu'ils fussent bloqués, les habitans continuaient à tirer leurs vivres de la campagne, et le 25 juillet, un jour après la jonction de Reille et de Duhesme, il était entré dans la ville, venant du côté de la mer, un bataillon d'infanterie légère de treize cents hommes du deuxième de volontaires de Barcelone, et deux pièces de canon de bataille organisées. L'abondance des vivres était si grande dans la ville, et les communications avec le dehors si faciles, que les Miquelets organisés de Francisco Milans, rassemblés à Casa de la Selva, recevaient le plus souvent leurs rations de vivres de la place. Les nouvelles qu'on recevait du dehors ne faisaient qu'ajouter à la confiance. On avait intercepté les rapports qu'envoyait par mer, à son général en chef, Lecchi, général italien, que Duhesme avait laissé avec quatre mille hommes à Barcelone, pour tenir en respect cette capitale, pendant l'opération de Girone. Ces rapports, dictés par un sentiment de dégoût et d'alarme, qui allait jusqu'à l'effroi, étaient justifiés en partie par les secours efficaces qui se préparaient pour la cause des Catalans. Les habitans de Girone qui, presque abandonnés à eux-mêmes, avaient repoussé l'attaque énergique de Duhesme, le 20 juin, aujourd'hui qu'ils étaient puissamment renforcés et riches d'espérance, sentaient augmenter leur confiance et leur audace.

Telle était la situation respective des assiégeans et des assiégés, le 9 août, lorsque les deux généraux français reçurent de Bayonne avec la nouvelle de l'échec essuyé par les armes françaises en Andalousie, l'ordre supérieur d'arrêter les opérations offensives. Il était prescrit à Duhesme de retourner à Barcelone que la trop longue absence d'un grand corps de troupes pouvait compromettre; à Reille, de demeurer devant Girone, s'il le pouvait, et dans le cas contraire de se replier sur Figuières. Les deux généraux devaient borner leurs efforts, chacun dans sa sphère d'activité, à pacifier, désarmer, maintenir le pays autour d'eux.

Bien que l'ordre fût positif, Duhesme ne voulut pas perdre le fruit de vingt jours de travaux. Le 12 tout étant prêt pour ouvrir le feu, il somma la place; comme il croyait que les habitans avaient plus d'influence sur la résistance que la garnison elle-même, il leur représenta avec vivacité ce qu'un siége leur préparait de souffrances. La Junte répondit qu'elle était disposée à tout supporter, plutôt que de cesser d'être fidèle à la cause nationale. Pendant la nuit suivante, le feu commença par les batteries incendiaires et par celles dirigées contre les bastions de Santa-Clara et de San-Pedro. Le 13 au matin, on battit Mont-Joui. Après quelques heures d'un feu très vif, l'artillerie de ce fort fut démontée et on aperçut à la muraille un commencement de brèche que réparaient avec activité les officiers et les soldats du régiment d'Utonia en y appliquant des sacs à terre. Manquant de tranchée pour arriver à cette brèche, il eût été de toute imprudence de tenter un assaut. L'effet moral qu'on attendait des batteries incendiaires ne fut pas rempli, elles firent peu de dégât dans la ville. Ce n'était donc qu'un combat d'artillerie où les Français, pauvres en munitions et en nombre de pièces, ne pouvaient qu'échouer. Il fallut se résigner à lever le siége. Il fut décidé qu'on userait ce qui restait de munitions. On se pressa de diriger sur la France les blessés et les malades. Reille et Duhesme se rendirent réciproquement les corps et les détachemens qui faisaient partie de leurs commandemens respectifs et firent des échanges. Ils éclairèrent par des détachemens le pays derrière eux. N'ayant pas de chevaux pour enlever le parc de siége, il fallut se résoudre à abandonner l'artillerie, les grosses pièces et les mortiers. D'après le calcul du temps nécessaire pour brûler les munitions, le siége devait être levé dans la nuit du 16 au 17.

Toutes ces dispositions furent arrêtées dans l'esprit des ordres reçus de Bayonne. Même sans cela elles fussent devenues nécessaires, par un surcroît d'ennemis dont on n'eut connaissance qu'après les dispositions arrêtées.

Depuis le renouvellement des hostilités en 1804 entre la France et l'Espagne, cette dernière puissance entretenait dans les îles Baléares situées dans la Méditerranée, à trente-cinq lieues des côtes de la Catalogne, une garnison permanente de dix mille six cents hommes de troupes de ligne. Une escadre anglaise qui était dans la Méditerranée porta aux habitans et aux soldats les nouvelles de l'invasion des Français et de la résistance des Espagnols. La garnison de l'île de Minorque proclama solennellement le 1er juin le roi Ferdinand VII pour son légitime souverain. Bien que le même esprit animât l'île de Mayorque, il se manifesta d'une manière moins éclatante. Le capitaine général des îles Baléares, don Juan-Miguel de Vives résidait à Palma. C'était un vieillard de soixante ans, auquel il fallait un simulacre de légalité. Il résista d'abord comme les autres personnages de son rang et de son âge au mouvement populaire ; mais cédant au vœu national, il conclut un armistice particulier avec l'amiral commandant les forces britanniques dans la Méditerranée.

Ce fut alors une continuité de messages entre la Catalogne et les îles. La Junte suprême de Lérida supplia Vives de venir à son secours avec les troupes qu'il commandait. Le capitaine-général ne crut pas devoir déférer aux demandes d'une Junte de province, avant de savoir ce qu'ordonnerait l'autorité centrale, qui ne pouvait manquer de s'organiser pour le gouvernement de toutes les Espagnes. Les Catalans réussirent mieux dans leurs efforts auprès du marquis del Palacio, maréchal-de-camp et gouverneur particulier de l'île de Minorque. Ce dernier était Aragonais : les troupes l'aimaient. Sur l'expression unanime et ardente, il se détermina à porter la garnison, forte de quatre mille six cent trente hommes, en Catalogne.

L'EMBARQUEMENT commença le 13 juillet, dans le Port-Mahon. Trois compagnies des volontaires d'Aragon et cinquante canonniers mirent à la voile les premiers, et débarquèrent près de Tortose, d'où on les envoya à Sarragoce. Le deuxième bataillon des volontaires de Barcelone fut envoyé à San-Felice de Guixols, d'où il gagna, ainsi que nous l'avons dit, la place de Girone, déjà entourée par les Français. Le reste des troupes consistant dans les régimens de Soria, de Grenade, de Bourbon, dans un détachement de sapeurs et un autre de canonniers qui conduisait un équipage de trente-sept bouches à feu de bataille, aborda le 22 dans le port de Tarragone.

Le débarquement de ce corps de troupes espagnoles acheva de fixer ceux qui pouvaient encore être irrésolus. Les détachemens de troupes de ligne, les militaires isolés, qui, ne sachant pas ce qui se passait dans le reste de l'Espagne, avaient craint de participer à des émeutes de paysans, n'hésitèrent pas à se rallier à l'armée nationale. Tout ce qui restait encore de soldats, d'officiers espagnols, et particulièrement le corps de l'artillerie à Barcelone, s'en échappa. Les magistrats même rougirent d'exercer leurs fonctions sous l'autorité d'une force militaire étrangère, et cherchèrent à s'y soustraire. Palacio fut déclaré capitaine-général de la principauté de Catalogne, et en cette qualité, président de la Junte suprême. Cette Junte se transporta de Lérida en dehors de la sphère d'opération à Tarragone, s'astreignit à suivre les mouvemens du quartier-général de l'armée, et, après avoir complété son organisation, se déclara investie de l'exercice de la souveraineté, pendant la captivité du roi Ferdinand VII.

Peu de jours après avoir débarqué, le capitaine-général porta sur le Llobregat une avant-garde de seize cents hommes, avec quatre pièces de canon, sous les ordres du brigadier comte de Caldagues, colonel du régiment de Bourbon, un de ces Français qui avaient oublié la patrie, et s'étaient voués pour toujours à servir l'étranger. Caldagues fit marcher la troupe sur deux colonnes; celle de gauche rencontra le 30, à Martorell, le corps du colonel Bajet. Celle de droite prit poste le même jour à San-Boy, et, à peine établie, y eut une escarmouche avec une reconnaissance d'infanterie et de cavalerie partie de Barcelone.

Le général Lecchi n'ayant à disposer que de quatre mille combattans, tous Italiens et Napolitains, et plus enclins que les Français à la désertion, concentra sa garnison dans le Mont-Joui, dans la citadelle et dans les Atarazanas, emplacement sur la plage, où sont les casernes et les arsenaux. Les Atarazanas ne lui parurent pas même assez isolés ni assez sûrs, et il transporta dans les deux châteaux quarante mille fusils qu'il y avait dans les arsenaux, la poudre des magasins et les canons en batterie sur le rempart. Tant de précautions étaient commandées, moins par les forces régulières qui arrivaient au secours de la Catalogne, que par la juste terreur qu'inspirait le soulèvement imminent d'une population de cent cinquante mille habitans, tous ennemis.

Cependant Lecchi ne pouvait pas se renfermer dans la ville, car aussitôt les Somatènes accouraient jusque sur les crêtes qui dominent les rues, et la vue de ces braves paysans pouvait allumer une insurrection. Chaque jour il fallait repousser à coups de fusil ces Somatènes acharnés qui s'enfuyaient vite, mais qui revenaient plus vite encore. Lorsque les Italiens longeaient le chemin de la mer, ils étaient mitraillés par deux frégates anglaises qui bloquaient Barcelone par mer. Depuis le jour où Duhesme avait quitté Mataro, on ne savait ce qui lui était arrivé. La garnison de Barcelone ne tenait qu'un seul point entre Barcelone et Girone, le château de Mongat.

Moncat, situé au bord de la mer, à quatre lieues de la première de ces deux villes, mérite à peine le nom de château. C'est une maison sur une colline avec une batterie de côte. On y avait mis cent cinquante Napolitains. Plus de la moitié désertèrent. Barcelo, le même qui avait défendu cette position lors de la première sortie des Français de Barcelone, conçut le projet de se servir de ces déserteurs pour reprendre

Mongat. Le 31 juillet, le château fut cerné par les Somatènes des villages de Tiana, Alella, Taya, Masnon, Vilasar et Prenia, et par les Miquelets des compagnies de Solench, Belloch, Barber et Caldero. Lord Cochrane, commandant la croisière anglaise, s'en approcha avec sa frégate *l'Impérieuse* de quarante-deux canons, et jeta à terre une portion de son équipage, qui se joignit aux Catalans. Les Napolitains, déserteurs, accoururent au pied du château, et appelèrent à grands cris leurs camarades, les assurant qu'il ne leur serait pas fait de mal. L'officier commandant, quoique pressé par la multitude des ennemis, renfermé dans la caserne, et ayant des soldats mal disposés, contint assez sa garnison pour l'empêcher de tomber entre les mains des paysans, et se rendit à un détachement de la frégate, après une capitulation signée par lord Cochrane.

Le pays une fois purgé d'ennemis, le général espagnol marquis del Palacio, établi sur le

Llobregat, pouvait, avec d'égales chances de succès, employer ses forces contre Barcelone ou contre le corps français qui assiégeait Girone. La première opération n'eût pas procuré des résultats immédiats, car il fallait prendre Mont-Joui avec la citadelle, et les Espagnols étaient bien loin de pouvoir entreprendre des siéges réguliers. La seconde opération pouvait commettre une armée novice et mal organisée, avec des troupes de vétérans, et perdre en un jour l'espoir et l'avenir de la province. Dans cette alternative, le général espagnol prit le parti de se contenter d'inquiéter les Français devant Girone, de retarder leurs opérations, et de se mettre en mesure de profiter des circonstances. Le détachement de Llobregat fut chargé de cette mission. Pendant que cela avait lieu, le marquis del Palacio resta à Tarragone, organisant son armée, et trop éloigné des opérations pour pouvoir y prendre part immédiatement.

Caldagues partit de Martorell le 6 août,

avec trois compagnies de Soria, une de Bourbon, deux mille Miquelets de nouvelle levée, aux ordres de don Juan Bajet, et trois pièces de canon, s'arrêta quelques jours à Hostalrich, où il rallia un bon nombre de Miquelets et de Somatènes, et augmenta son artillerie de deux bouches à feu, arriva le 14 à Castellar de la Selva, en vue des campemens ennemis, devant Girone. Il y opéra sa jonction avec le corps de Milans et de Claros, ce qui porta à huit mille hommes de troupes de toute espèce, la quantité de troupes avec laquelle il devait agir. Dans une conférence avec les chefs de corps de la garnison de Girone, il fut décidé qu'on attaquerait le lendemain, et les chefs de corps rentrèrent dans la place, pour exécuter à la tête de leurs troupes les mouvemens convenus.

La journée du 16 août, fixée par les Espagnols pour l'attaque, était précisément la dernière que les Français avaient résolu de passer devant Girone. Toutes les troupes de Duhesme avaient repassé à la gauche de l'Oña. Il restait sur le front d'attaque de Mont-Joui, entre l'Oña et le Ter, le cinquième bataillon de la cinquième légion, le bataillon valaisan et deux bataillons du cent treizième, échelonnés sur le village de Camp-Duras, pour couvrir les derrières de l'attaque. Vers neuf heures du matin, la garnison de Girone, conduite par le lieutenant-colonel don Narciso de la Valeta, du deuxième de Barcelone, et par le major don Enrique Odonell, du régiment d'Utonia, sortit presque entier de la place, et, secondée par le détachement de Mont-Joui, culbuta le cinquième bataillon de la cinquième légion de réserve, et mit le feu aux batteries de Saint-Daniel et de Saint-Louis. Reille accourut de Pont-Mayor à la tête du bataillon du trente-deuxième et de trois compagnies du seizième, arrêta les fuyards et reprit les batteries de Saint-Louis; mais en ce moment don Juan Claros, arrivant par le chemin de los Angles, avait rejeté l'avant-poste du régiment toscan de l'ermitage de Saint-Michel, et attaquait leur campement de Camp-Duras; et Milans, suivi par Caldagues, arrivait en plusieurs colonnes par le chemin de Castellar de Selva. Reille concentra ses troupes à Pont-Mayor. Cette action lui coûta soixante-quinze hommes tués ou prisonniers, et cent quatre-vingt-seize blessés. Le chef de bataillon Gardet, du génie, fut au nombre des morts. Les Espagnols perdirent trente-cinq hommes tués ou prisonniers, et cent huit blessés. Ils ne tentèrent pas le reste du jour ni d'enlever Pont-Mayor, ni de jeter des partis derrière les Français. Reille fit réparer, à une lieue derrière lui, un pont que les paysans avaient coupé le matin et qui ne fut pas occupé. Duhesme resta avec son corps dans la plaine de Sainte-Eugénie, évitant d'engager une action générale qui aurait été sans objet pour lui.

Pendant la nuit du 16 au 17, Reille et Duhesme se retirèrent, l'un sur Figuières, l'autre sur Barcelone. Ce fut assez de deux escadrons français, pour contenir les troupes de don Claros et de Bajet, qui se mirent à la poursuite du premier. Le comte de Caldagues ne voulut pas essayer de profiter de l'avantage remporté par la garnison de Girone. Il resta tranquille dans la place avec son corps. L'actif Milans suivit, malgré son chef, les Français sur le chemin de Barcelone. Là, tout était préparé pour leur faire autant de mal que l'on pourrait. La route était coupée, obstruée, et les frégates anglaises et les felouques catalanes s'approchaient de la côte, pour battre les passans. Duhesme, prévoyant les obstacles qu'il rencontrerait, n'hésita pas à ajouter au sacrifice qu'il avait déjà fait de son artillerie de siége, le sacrifice de quatre pièces de campagne et de quelques pièces de siége qui lui restaient. Il fit brûler les attirails et enterrer les bronzes près de Calella. Prenant ensuite le chemin de la montagne pour éviter le canon de la marine, il rentra à Barcelone sans avoir été inquiété autrement que ne l'est habituellement un corps de troupes qui traverse un pays habité par une population ennemie.

Ainsi par suite de la faute énorme qu'avaient commise les Français, en ne mettant point garnison dans toutes les places de Catalogne, au temps où ils pouvaient le faire, ils ne tenaient de toute cette principauté, à la fin du mois d'août 1808, que le fort de San-Fernando de Figuières, point indispensable sur la base d'opérations, et la grande ville de Barcelone destinée par sa position et par son éloignement de la France à être éternellement bloquée par terre et par mer. Au reste, dans cette guerre nouvelle où les hommes étaient plus que le territoire, et le moral plus que la force matérielle, ce qui se passait en Catalogne était nécessairement secondaire. Napoléon le considérait ainsi; et si les Espagnols ne virent pas toujours de même, il faut s'en prendre aux vieux préjugés qui leur faisaient regarder la Catalogne comme la citadelle de l'Espagne.

Un plus grand jeu se jouait à l'extrémité opposée de la Péninsule, en Portugal, non que le sort de ce petit royaume fût en lui-même et dans ses rapports avec la Péninsule entière plus digne d'attention que le sort de la grande principauté de Catalogne, mais parce que sur cette plage éloignée devait s'organiser bientôt l'arsenal de la puissance britannique. Nous allons raconter dans le livre huitième les événemens survenus en Portugal pendant l'été de 1808, et correspondans à ce qui s'est passé vers la même époque dans le reste de la Péninsule.

LIVRE HUITIÈME.

INVASION DU PORTUGAL.

SOMMAIRE.

Le général Junot reçoit l'ordre de l'Empereur d'ouvrir des communications avec l'Espagne. — Détachement du général Loison sur Ciudad-Rodrigo, pour avoir des nouvelles du maréchal Bessières. — Détachement commandé par le général Avril, pour se joindre au général Dupont en Andalousie. — Insurrection de Badajoz. — Désertion dans les troupes espagnoles du Portugal. — Les troupes du général Taranco reçoivent l'ordre de la Junte de Galice de rentrer en Espagne. — Arrestation à Oporto du général Quesnel. — Il est amené prisonnier, avec tous les Français qui se trouvaient sous ses ordres. — Représailles du général Junot. — Le général Loison se dirige sur Oporto. — Il est attaqué par des paysans insurgés, et forcé de rétrograder. — Oporto se lève. — Les étudians de l'université de Coimbre prennent les armes. — Soulèvement des provinces. — Sac de Beja. — Procession de la Fête-Dieu à Lisbonne. — Le général Junot envoie des députés pour calmer les provinces. — Ils ne peuvent remplir leur mission. — Marche du général Margaron sur Leiria. — Concentration des troupes françaises ur Lisbonne. — Prise d'assaut d'Evora par les troupes du général Loison. — Agitation de Lisbonne. — Junot fait fortifier et approvisionner cette ville. — Arrivée d'une flotte anglaise dans la baie de Mondejo.

LIVRE HUITIÈME.

INVASION DU PORTUGAL.

Lorsqu'a la fin de l'année 1807, vingt-cinq mille Français envahirent le Portugal, l'Espagne était amie de la France, et les liens qui unissaient ces deux puissances paraissaient devoir se resserrer chaque jour davantage. On eût dit que les Bragances, en fuyant au Brésil, avaient légitimé l'occupation étrangère. Le général en chef se complaisait dans la contemplation de la docilité portugaise, et croyait même à l'attachement des habitans de Lisbonne à sa personne. Ses rapports confidentiels, comme ses actes publics, étaient empreints de cette préoccupation. « Ce peuple est » bien dans la main, disait-il sans cesse. Je

» suis obéi ici mieux et plus vite que ne l'était » le prince régent. »

La question se présentait à Paris sous un aspect moins riant. L'Empereur n'avait pas prévu le soulèvement de l'Espagne, parce qu'au fond il voulait améliorer le sort des Espagnols. Il s'attendait à la haine des Portugais, parce que ce petit royaume n'était à ses yeux qu'une colonie anglaise à pressurer et à rançonner. Les pompeuses proclamations du chef de son armée allaient parfois au rebours de cette âpre politique. « A quoi bon, écri- » vait en son nom le ministre Clarke au géné- » ral Junot, à quoi bon promettre ce qu'il » n'est pas en votre pouvoir de tenir? Rien de » plus louable sans doute, que d'obtenir la con- » fiance et l'amour des habitans. Mais n'ou- » bliez pas que la sûreté de l'armée doit passer » avant tout. Désarmez les Portugais; surveil- » lez les soldats qui ont été renvoyés dans leurs » foyers, afin que des chefs audacieux ne vien- » nent pas, qui en formeraient des noyaux de

» rassemblemens dans l'intérieur. Surveillez les
» troupes espagnoles. Gardez les importantes
» forteresses d'Almeida et d'Elvas. Lisbonne est
» une ville trop grande, trop peuplée et dont
» la population est nécessairement ennemie.
» Retirez-en vos troupes. Baraquez-les sur les
» bords de la mer. Tenez-les en haleine, disci-
» plinées, massées, instruites, afin d'être tou-
» jours prêt à combattre l'armée anglaise qui
» tôt ou tard débarquera sur les côtes de Por-
» tugal. »

La saison des débarquemens était encore éloignée. Des difficultés imminentes et imprévues se présentèrent pour l'occupation de l'Espagne. Il fallait courir au plus pressé. Napoléon ordonna que quatre mille hommes de l'armée de Portugal vinssent à Ciudad-Rodrigo, pour appuyer les opérations du maréchal Bessières, et que quatre mille autres fussent envoyés au général Dupont, pour coopérer à la prise de possession de l'Andalousie.

Le premier détachement partit d'Almeida, dans les premiers jours du mois de juin, sous les ordres du général de division Loison. A une lieue et demie de cette ville, et aussitôt qu'on met le pied sur la terre espagnole, apparaît, sur un plateau granitique, le fort de la Conception placé là comme une vedette pour observer ce qui se passe sur le territoire portugais. Le général français offrit au gouverneur de mettre dans le fort quelques compagnies d'infanterie, pour l'aider contre les ennemis communs de la France et de l'Espagne. Cette singulière proposition fit naître la défiance. La nuit suivante, le gouverneur s'échappa par une poterne avec sa faible garnison.

Rien sur cette frontière n'annonçait que le maréchal Bessières dût s'en approcher. La province de Salamanque s'armait comme les autres provinces de l'Espagne, pour délivrer Ferdinand VII. La place de Ciudad-Rodrigo était pleine de troupes et ses remparts couverts d'artillerie. Le général Loison avait reçu du duc d'Abrantès, l'ordre de ne se porter à Ciudad-Rodrigo, qu'autant qu'il pourrait y entrer sans coup férir. Il arrêta son détachement.

Le second détachement était déjà réuni en Estramadure, sous les ordres du général de brigade Avril. Le quatre-vingt-sixième régiment d'infanterie, le quatrième régiment provisoire de dragons et une batterie de dix pièces de canon, devaient rallier la légion du Midi à Mertola ; toute cette force réunie devait descendre la Guadiana en bateau jusque devant Alcoutim, où de nouveaux ordres lui seraient donnés par le général Dupont, commandant l'expédition d'Andalousie. Un chef de bataillon du génie, Girod de Novilars, fut envoyé pour préparer l'embarquement. On lui tira des coups de fusil de San-Lucar del Guadiana, bourgade espagnole située en face de la bourgade portugaise d'Alcoutim. Déjà l'insurrection de l'Andalousie avait gagné, de proche en proche, jusqu'à la frontière du Portugal. Déjà l'Estramadure espagnole était en feu. La révolution se fit le 30 mai à Badajoz, plus active, plus furieuse que dans d'autres villes, parce que les Français étaient dans le voisinage. Le comte de Torre del Fresno fut mis en pièces par la populace, coupable seulement d'être le parent du prince de la Paix. D'autres Espagnols faillirent avoir le même sort. Les capitaines du génie Després et Paulin, le capitaine Galbois, aide-de-camp du général Lagrange, et l'auditeur au conseil d'État, Lacuée, qui passaient là en mission pour Lisbonne, furent enfermés dans la prison, heureux qu'on pût les soustraire ainsi à la fureur de la populace qui voulait les massacrer.

Badajoz est la principale forteresse du midi de l'Espagne. Elle est située sur la rive gauche de la Guadiana, avec un beau pont de pierre, et le fort de San-Cristoval à la rive droite. Un commissaire de la Junte de Séville y arriva, dès le 1er juin, pour organiser et raccorder avec le soulèvement général de l'Espagne, l'insurrection de l'Estramadure. La place fut mise dans une espèce d'état de défense. Quelques troupes furent rassemblées, et commencèrent l'établissement d'un camp sous les ordres du général don Jose Galleza, près du fort de San-Cristoval. On fit un appel à tous ceux qui servaient par force dans les rangs des Français. Les militaires portugais en service que le nouveau gouvernement payait mal, et les réformés qui n'étaient pas payés du tout, accoururent en foule à Badajoz, de tous les points de l'Alemtejo. A plus forte raison les Espagnols ; un escadron des hussards de Marie-Louise passa le premier. Cent trente hommes du régiment des volontaires de Valence s'échappèrent de Sétubal avec leur drapeau. Le général Graindorge les poursuivit avec quelques dragons français, et ne put les empêcher d'exécuter leur désertion.

Ces désertions partielles étaient le prélude d'une défection complète. Les dix mille Espagnols, qui étaient entrés dans le nord du royaume, occupaient toujours Oporto ; commandés par un Français. Le général Quesnel se comportait dans son commandement avec une extrême modération. Il y eût été enclin par son caractère sage et réservé, alors même que l'isolement de sa position ne lui en aurait pas fait la loi. Les troupes espagnoles d'Oporto avaient attendu avec anxiété, comme le reste de la nation, ce que produirait la politique de l'Empereur. Comme le reste de la nation, les événemens de Bayonne d'abord, et ensuite ceux du 2 mai, allumèrent leur indignation à tous. Quesnel espéra quelques instans contenir les soldats espagnols par de bons traitemens et par l'exemple de la soumission des habitans portugais. Cependant il arma et approvisionna le fort de San-Joao de Foz, à l'embouchure du Duero dans la mer, espérant y trouver un refuge pour la faible escorte française et pour lui au moment où les Espagnols éclateraient.

Ce moment ne tarda pas. La Junte des Galices avait été des premières à s'organiser; elle prit tout de suite le rôle que l'appelaient à jouer, dans la délivrance de l'Espagne, les ports du Ferrol et de la Corogne, la facilité des rapports avec l'Angleterre et la spécialité d'une population valeureuse et pressée sur le territoire. Les dix mille Espagnols stationnés dans la province portugaise du Minho étaient considérés comme l'armée de Galice. La Junte leur ordonna, au nom du Roi prisonnier et de la nation indignement trahie, de rentrer dans la province et d'emmener prisonniers tous les Français qu'ils rencontreraient à Oporto ou dans leur route. Don Domingo Ballesta, maréchal-de-camp du corps des ingénieurs, l'officier le plus élevé en grade depuis la mort du général Taranco, fit arrêter le général Quesnel par sa propre garde. Les officiers, les employés, les canonniers et les dragons français, furent traités de la même manière. Avec de l'énergie, Bellesta eût facilement soulevé la population d'Oporto contre les Français; mais il avait trop peu de résolution et trop chétive apparence, pour accomplir une œuvre pareille. Il se contenta de rassembler à la hâte les magistrats et de leur demander s'ils voulaient prendre parti pour le Portugal, pour l'Espagne ou pour la France. Pour le Portugal, répondirent les assistans par acclamation ; et aussitôt le major de place Raymundo Jose Pinheiro, gouverneur par intérim du château de San-Joao de Foz, alla arborer le drapeau portugais dans son fort, et communiqua avec le brick anglais *l'Éclipse*, en permanence dans ces parages ; mais les Espagnols partirent pour la Galice, emmenant leurs prisonniers. Les magistrats, et surtout le commandant militaire brigadier Luiz da Oliveyra da Costa, effrayé de la responsabilité de l'avenir, se hâtèrent de renouveler leur soumission au commandant français de Lisbonne. Le drapeau national fut abattu à San-Joao de Foz. Pinheiro prit la fuite. Au reste, la population resta étrangère au mouvement. Elle sauva plusieurs Français des mains des Espagnols.

On apprit le 9 juin à Lisbonne la défection des troupes espagnoles et l'enlèvement du général Quesnel. Confiant et inactif dans les circonstances ordinaires de la vie, Junot ne savait pas hésiter devant un danger imminent et palpable. Il avait autour de lui, à Lisbonne et dans les environs, la division Caraffa, composée de six bataillons d'infanterie, d'un régiment de cavalerie et de quelques troupes d'artillerie, tous soldats exaltés à l'unisson des autres par les nouvelles qu'ils recevaient de l'Espagne, et de plus excités à la désertion par de nombreux émissaires venus de Séville et de Badajoz. Vingt-quatre heures après, les six bataillons, l'artillerie et la cavalerie, furent cernés et désarmés par les troupes françaises, les uns dans leurs casernes, les autres dans des marches combinées qu'on leur fit faire pour les séparer les uns des autres. Il ne s'échappa de toute la division que quelques centaines d'hommes du régiment de Murcie et quelques hussards de Marie-Louise. Les autres furent déposés à bord des vaisseaux dans le Tage, entourés des vaisseaux de guerre français. On permit aux officiers de rester à Lisbonne prisonniers sur parole.

Ce coup de main frappa d'étonnement la population de Lisbonne [1]. Elle n'y vit qu'une juste représaille de la déloyauté commise par les troupes espagnoles à Oporto. Il n'y avait pas un moment à perdre pour en recueillir les effets dans tout le Portugal. Le général en chef remercia les magistrats et les habitans d'Oporto, pour les marques d'intérêt qu'ils avaient données au général Quesnel et à ses compagnons d'infortune. Il promit au brigadier Oliveira qui avait fait abattre le drapeau portugais à San-Joao de Foz, de le recommander personnellement à l'Empereur. On employa des voies

[1] Voyez à la fin du volume (A).

particulières de persuasion, pour ramener à la fidélité à l'Empereur l'archevêque de Braga dont l'opinion était puissante dans le nord du Portugal. On provoqua dans le midi une autre influence, celle du comte de Castro Marim Montegro Mor, retiré dans ses terres du royaume des Algarves. Une commission de trois desembargadors de Lisbonne fut chargée de proposer, au général en chef, les moyens de venir au secours des individus de toutes les classes, lésés dans leur fortune par le changement de gouvernement. Les officiers portugais en activité et réformés reçurent un tiers de leur solde en valeur métallique, au lieu d'un cinquième qu'on leur avait donné jusqu'alors, le reste étant payé en papier-monnaie qui perdait .... pour cent. En même temps qu'on améliorait leur sort, on leur témoignait de la confiance. C'etait à eux, disait-on, de garder leurs forteresses. En conséquence il fut prescrit au maréchal de camp Antonio José de Miranda Henriquez de lever, suivant les anciens réglemens du pays, cinq compagnies de milices de l'Alemtejo, pour tenir garnison à Elvas. On écrivit, on publia, on fit dire en tout lieu que les troubles actuels de l'Espagne venaient de ce que l'Empereur n'avait pas consenti à démembrer le Portugal. Les Espagnols voulaient prendre le Minho pour la reine d'Étrurie, l'Algarve pour Godoy, et l'Alemtejo pour le réunir à leur couronne. Napoléon au contraire voulait que le Portugal conservât son intégrité, son indépendance et son éclat sous un roi. Le temps était venu de réunir de communs efforts contre l'ennemi commun. Le général Loison allait se rendre à Oporto avec sa colonne de troupes, pour seconder et appuyer une population fidèle, et la préserver des attaques qui ne pouvaient manquer de venir du côté de la Galice.

En effet, Loison se mit en marche le 17 juin d'Almeida avec deux bataillons et cinquante chevaux. Un autre bataillon, suivi d'une batterie d'artillerie, partit de Torres-Vedras pour le joindre par la grande route. C'etait en tout dix-huit cents hommes avec lesquels cet officier-général devait occuper la grande ville d'Oporto, garder Valença do Minho, Vianna et les forts sur la côte, et surveiller la frontière de terre et de mer. Il passa le Duero le 20 juin sur des barques à Pezo-da-Regoa, et ses deux bataillons couchèrent au fond de la vallée. Le Duero coule entre deux montagnes très-escarpées; leurs flancs sont couverts, jusqu'au sommet, de vignes qui produisent cet excellent vin que les Anglais ont appelé vin de Porto, parce que c'est à Porto qu'ils viennent le chercher.

Le 21 juin au matin, les Français continuèrent leur marche sur Amarante. La route est dessinée en zig-zag sur la montagne, pour en gravir l'escarpement. La colonne atteignait déjà Mezanfrio, quand l'arrière-garde et les bagages qui n'avaient pas encore quitté le bord du Duero, furent assaillis par des coups de fusil tirés d'entre les vignes et de derrière les murailles, et par des pierres lancées du haut des pointes de rochers. Loison s'arrêta, revint sur ses pas et fit débusquer par deux compagnies de voltigeurs les tirailleurs incommodes. On en prit quelques-uns : c'étaient d'anciens militaires. Ils dirent que Padroès de Texiera et tous les villages jusqu'à la Serra de Marâo étaient remplis de paysans insurgés, que les habitans d'Amarante se disposaient à défendre le Tamega, que les plus prudens étaient allés chercher à Chavès des soldats et du canon, que les provinces de Tras-os-Montes et d'Entre-Duero-E-Minho se levaient en armes, dévouées à combattre les Français jusqu'à la mort.

Loison se félicita d'avoir été attaqué avec tant de précipitation. Que serait-il devenu si les paysans l'avaient laissé s'éloigner du Duero et avaient ensuite coulé les barques rassemblées à l'entrepôt de vin de Pezo-da-Regoa? C'eût été folie que d'affronter, avec deux bataillons, une population nombreuse et ardente dans un pays difficile, et en laissant à dos un fleuve large, encaissé, où il n'y a de gués que dans les plus fortes chaleurs de l'été, et qui dans son cours à travers le Portugal n'a pas un seul point stable? Loison passa la nuit à Pezo-da-Regoa. Le lendemain il repassa le Duero.

On vit bien alors que ce n'était pas à l'affection du peuple pour les Français, ni même à la terreur qu'inspirait leur gouvernement, qu'il fallait attribuer le calme avec lequel les habitans de Porto étaient restés spectateurs passifs de la violence commise par les Espagnols envers Quesnel. L'arrestation de ce général s'était répandue en un instant dans les provinces du nord. On y ajouta que Junot et ses soldats étaient traités de la même manière à Lisbonne par Caraffa et ses Espagnols. Aussitôt le sentiment de l'indépendance nationale éclata dans toutes les ames. Il éclata d'abord là où les troupes françaises ne s'étaient jamais montrées, là où aucune influence étrangère n'excitait les Portugais à secouer le joug.

Le 11 juin, un vieillard plus qu'octogénaire, Manuel Gorge Gomez de Sepulveda, lieutenant-général, ancien gouverneur de la province de Tras-os-Montes, proclama le premier la restauration du prince régent de Portugal, et appela aux armes les habitans de sa province. Miranda do Douro, Ruyvaëns, Villa-Real, Torre de Moncorvo, Chavès, Villa-pouca et cent autres villes et villages, retentirent presqu'en même temps des cris : *Viva o nosso principe ! viva Portugal ! morra Junot ! morra Napoleon !* Presque toute la province voisine, l'Entre-Duero-E-Minho, obéit à la même inspiration. Le 17 les quines portugaises furent replacées, à Guimaraens, sur le berceau de ce premier roi de Portugal pour qui, suivant une pieuse tradition, elles descendirent autrefois du ciel dans la plaine d'Ourique. Vianna, siége de l'autorité militaire dans la province, renonça officiellement le 18 à la domination française. Depuis plusieurs jours, l'archevêque de Braga célébrait dans son église primatiale les prières accoutumées pour la maison royale de Bragance.

A Oporto, le léger sentiment d'intérêt donné au général Quesnel et à ses compagnons d'infortune, s'était promptement évanoui. Il avait été suivi de quelques jours de calme, puis avait éclos un germe d'irritation populaire. Luiz d'Oliveira s'était efforcé de le comprimer. Il n'était pas attaché aux Français, bien moins encore il était l'ennemi de la famille de ses rois. Aussi écrivit-il en même temps au duc d'Abrantès pour protester de sa soumission à l'empereur Napoléon, et au général Bellesta pour lui demander d'appuyer, par l'envoi d'une force espagnole, le vœu patriotique et loyal des Portugais. Il voulait gagner du temps.

Quelques débris des bataillons de milice de Porto, de Penafiel et de Maya, avec lesquels il essayait de maintenir sa vacillante autorité, voulaient, à l'occasion de la procession de la Fête-Dieu, le 16 juin, déployer leurs anciens drapeaux. Luiz d'Oliveira le défendit formellement. Deux jours après, le 18, on chargeait du pain sur des voitures devant le magasin militaire. Les habitans l'apprennent et se disent les uns aux autres que ce pain a été demandé par le juge de Fora de Oliveira d'Azemeis pour une colonne de troupes françaises qu'on attend d'un moment à l'autre. Les canonniers du régiment de Vianna, employés à l'arsenal, avaient été quelques jours auparavant sans recevoir de ration. Un homme dit dans la foule : « Voyez; il n'y a que les Portu-» gais pour lesquels on ne trouve pas de pain.» Aussitôt la foule s'écrie : « Ne laissons pas al-» ler ce pain aux Français.» Le convoi est pillé. Les acclamations nationales se font entendre. Mille et mille voix les répètent. Le peuple sort de partout. Il court sur la place San-Oviedo, dans la partie la plus élevée de la ville. On enfonce les portes. Les fusils, la poudre, les cartouches sont distribués à qui en demande. Un capitaine d'artillerie, Joao Manuel de

Mariz dispose quatre pièces de canon; on manque de chevaux pour les conduire, les prêtres, les moines, les femmes s'y attachent et les traînent sur les hauteurs de Villa-Nova, de l'autre côté du Duero. Plus de dix mille hommes parcourent les rues. Survient au milieu d'eux, à la tête d'une vingtaine d'Espagnols armés et couverts de poussière, le major Pinheiro, le premier insurgé de San-Joâo da Foz, qui se tenait caché depuis le départ de Bellesta. C'est une armée espagnole qui arrive. Le brick l'*Antelope* s'approche et fait mine d'entrer dans la rivière. Voilà une escadre anglaise. Les cris de guerre sont entremêlés de coups de fusil. Le tocsin sonne dans toutes les églises. L'autorité est impuissante pour réprimer une insurrection populaire et turbulente si générale. Luiz d'Oliveira est plongé dans un cachot comme traître à la nation. D'autres citoyens en grand nombre sont traités de la même manière, parce qu'ils sont réputés partisans de l'étranger. On les cherche partout pour les massacrer, ces Français qu'une hospitalité généreuse a soustraits, dix jours auparavant, à la main des Espagnols.

La nation portugaise est active, emportée et bruyante; ses qualités ou ses défauts ressortaient avec plus d'éclat dans une ville comme Oporto, où une population de quarante mille ames est alimentée par un commerce considérable et où un beau ciel lui permet de se rassembler dans les rues en grande masse. Elle se livra à des excès de tout genre. Les hommes considérables, qui s'étaient d'abord tenus à l'écart, sentirent la nécessité de s'insinuer dans cette masse anarchique pour la diriger. Dans le degré de civilisation où sont les Portugais, il y a encore des puissances d'opinion qui ont action sur les hommes, lorsque la puissance des gouvernemens est tombée. On poussa, le 19 au matin, les flots du peuple soulevé, au palais épiscopal. L'évêque parut à son balcon, donna sa bénédiction, baisa les drapeaux de la patrie, et dit à ceux qui les portaient: « Allons rendre grâces à Dieu. » Le troupeau suit son pasteur à l'église cathédrale. Après que le *Te Deum* a été chanté, on proclame une Junte suprême qui sera chargée de gouverner le Portugal, jusqu'au rétablissement institué par le prince régent. Cette Junte est composée de huit membres fournis par le clergé, la magistrature, le corps militaire et le corps des citoyens de la ville : l'évêque en est le président.

Déja l'instinct du patriotisme avait suppléé à l'absence de gouvernement. Les habitans de Torre de Moncorvo détruisirent les barques du Duero dans toute l'étendue de leur *comarque*, afin d'empêcher les Français d'Almeida de venir à eux. On sut qu'ils s'étaient mis en mouvement. Les ordonnances et quelques miliciens de Villa-Real et de Guimaraens, accoururent au-devant de Loison sans ordre et presque désarmés, le plus grand nombre avec des faux emmanchées et des piques. Ce furent eux qui tirèrent les coups de fusil et firent rouler les pierres à Pezo-da-Regoa. Leur nombre se grossit énormément, dès qu'ils virent les Français repasser le Duero. Ils accoururent de tous les pays circonvoisins, marchant derrière l'ennemi. Fatigué de cette escorte incommode, Loison se retourna sur eux à Castro-Dagro, en tua quelques-uns, et continua ensuite son chemin vers Almeida, par Viseu et Celorico, sans être plus inquiété.

Un moine de l'ordre des Frères prêcheurs, le père José Joachim de l'Assomption, marchait à la tête de cette foule, sa robe retroussée et faisant le coup de fusil. Un autre moine, le père José Bernardo de Azevedo, alla à Coïmbre avec quelques miliciens d'Aveiro et une foule de paysans, faire main basse sur quelques soldats français enfermés dans l'hôpital de cette ville. Les pauvres remplissaient les rues, les riches se tenaient enfermés dans leur maison. José Pedro de Jesus, juge du peuple et tonnelier de profession, accueillit les insurgés, fit ouvrir un couvent où étaient déposés les pistolets, sabres et carabines de quelques escadrons de cavalerie licenciés à Coïmbre, et distribua ces armes au peuple. La classe élevée entra alors dans l'insurrection ; les magistrats avec réserve, les étudians de l'université avec fureur. Ils devinrent les grenadiers de l'insurrection savante. Le laboratoire de chimie fut converti en une fabrique de poudre. Le professeur de métallurgie dirigea la construction des cartouches et l'atelier de réparation des armes. Le temple des lettres et de la science devint un arsenal de guerre.

Les étudians n'étaient pas nombreux en ce moment à Coïmbre. Quarante-huit heures après leur levée de boucliers, le 24 juin, quarante d'entre eux, sous la conduite d'un des leurs, Bernardo Antonio Zagolo, conduisant à leur suite deux ou trois mille paysans, tombèrent sur une escouade de Français établie à Figueira à l'embouchure du Mondego, sous les ordres d'un ingénieur portugais Cibrao. Les soldats surpris se jetèrent en hâte dans le château avec leur commandant. Alors on ne savait pas encore se garder au milieu de la population insurgée. Il n'y avait pas de vivres dans le fort. Après trois jours de résistance, la garnison fut obligée de se rendre. Elle capitula sous la condition de rentrer à l'armée française; mais la capitulation fut violée. Les vainqueurs de Figueira firent une entrée triomphante dans Coïmbre avec leurs prisonniers. Cependant l'amiral anglais, sir Charles Cotton, jugea que le fort de Figueira qui commande un bon mouillage et une côte d'un accès facile, pourrait être utile un jour aux projets de l'Angleterre, il le fit occuper par cent hommes des troupes de la marine.

Le succès augmenta leur audace. D'autres étudians de Coïmbre coururent à Pombal, chassant devant eux douze ou quinze dragons qui étaient placés à Condeixa-a-Valha pour la correspondance; partout sur leur route ce ne furent que feux d'artifice, illumination, son des cloches. Partout on releva l'étendard du prince régent.

A Leiria aussi, la masse des paysans qui grossissait toujours, força les bourgeois à se déclarer. Il en arriva de même à Thomar sans l'intervention de troupe ou de multitude arrivée du dehors. Leiria et Thomar ne sont qu'à vingt-cinq lieues de Lisbonne. Tous ces mouvemens, en s'étendant sans cesse, partaient cependant du même principe, conservaient le même caractère, se développaient avec les mêmes accidens. Le premier venu, un paysan, un marchand, un soldat, un prêtre, avait raconté à son village, avec ardeur et exaltation, l'exaltation et l'ardeur du village voisin. Aussitôt des transports d'allégresse, des cris, des vivat sans fin. On courait à l'église, on sonnait le tocsin. On faisait des feux de joie, on tirait des pétards. De vieux canons qui n'avaient pas fait feu depuis la guerre de l'Acclamation, étaient exhumés pour célébrer cette nouvelle restauration portugaise. Cependant les corrégidors, les provedors, et surtout les juges de Fora, montraient d'abord de l'inquiétude. La correspondance de l'intendant général de police français, était si active! si chaude, si menaçante! Mais bientôt eux aussi étaient emportés par le torrent de l'opinion. Les prêtres couraient les villes et les hameaux en prêchant la croisade française. Les officiers et les soldats retirés de courir aux armes, les miliciens de reprendre leurs uniformes, les capitaines mors de faire des appels toujours dévoués, toujours dépassés. Il sortait des hommes de partout, les uns armés de piques, les autres armés de faux emmanchées, très-peu fournis de fusils en bon état. Ils étaient de toutes les classes, de toutes les professions, de tous les âges; des officiers, des miliciens, des laboureurs, et surtout des moines qui tantôt montrant le crucifix, retroussant leurs robes, maniant un fusil ou brandissant une épée, servaient par leur exemple ou par leur conseil et faisaient indifféremment l'office de missionnaire, le métier de soldat ou de capitaine.

La Junte d'Oporto s'imposa le devoir de régulariser et de diriger vers un but commun ces mouvemens désordonnés. Son premier soin fut d'abattre la classe populaire, ou au moins de n'en conserver que ce qu'il fallait pour combattre les ennemis du pays. Le choix de l'évêque pour président était un acheminement à cet œuvre de sagesse. Don Antonio de San-José de Castro descendait de ce célèbre Jean de Castro qui a porté si haut le nom portugais dans l'Inde. Il était fils naturel du comte de Reizende, grand-amiral héréditaire. La bâtardise n'est pas une tache dans les idées nobiliaires et populaires du pays où la dynastie régnante a été fondée par un bâtard, par ce roi guerrier, Jean Ier, qui usurpa le trône dans l'intérêt et pour la gloire de sa nation.

Don Antonio de San-José de Castro était entré jeune encore dans l'ordre de Saint-Bruno.

Ses vertus modestes et la protection de son nom l'avaient porté successivement à la dignité de supérieur général de son ordre et au siége épiscopal d'Oporto. Son âge avancé l'avait tenu éloigné des affaires publiques, surtout depuis l'entrée des Français et des Espagnols dans le royaume. Il ne possédait ni la volonté qui commande et encore moins l'adresse qui dirige. Cependant le renom de sa vertu, joint à son caractère épiscopal, lui donnait l'influence nécessaire pour calmer l'effervescence de la classe inférieure, et pour empêcher de se mêler à l'élan d'indépendance nationale les idées démocratiques qui fermentaient dans les classes éclairées. Cet ascendant servit aussi à établir la supériorité de la Junte d'Oporto, et à faire reconnaître cette supériorité au nord du Tage, soit par les Juntes nouvellement sorties de l'agitation populaire, soit par les anciennes autorités de la monarchie.

La Junte commença par ouvrir des relations avec les ennemis des Français. Le vicomte de Balsemao, le seul homme titré qui se trouvait dans les provinces du nord, fut envoyé en ambassade en Angleterre pour avoir des armes, des subsides et des troupes. On s'adressa aussi à la Junte de Galice; mais en attendant les secours étrangers, il fallut organiser une armée nationale. On demanda au commerce des sacrifices pécuniaires qu'il s'empressa de faire, pour empêcher le retour de la domination oppressive et appauvrissante.

L'organisation civile n'était que le moyen de déployer la force militaire. La Junte suprême appela près d'elle le brigadier Bernardin Freire d'Andrade, et le colonel don Miguel Pereyra Forjaz Cotinho, deux officiers réputés habiles surtout pour l'administration, qui, plutôt que de prendre du service sous la domination française, s'étaient retirés dans leur maison où ils attendaient des jours meilleurs. On ramassa les armes de guerre qui étaient dans les dépôts publics et chez les particuliers; on équipa un train d'artillerie de campagne. Les chevaux propres au service militaire furent mis en réquisition; la solde fut portée de quarante à quatre-vingts reis (de 25 à 50 c.); les anciens officiers et soldats de la ligne et des milices reçurent l'ordre de rejoindre les dépôts où l'on rétablissait les anciens corps de troupes. Le deuxième régiment d'Oporto, qui se souvenait de l'exécution de Caldas, fut des premiers à se réunir. Les soldats attachèrent des crêpes à leurs drapeaux et jurèrent de garder ce signe de deuil, jusqu'à ce qu'ils eussent vengé la mort de leurs camarades et lavé dans le sang français l'outrage fait au régiment.

Les sentimens qui animaient la ville opulente d'Oporto et les rudes habitans de Tras-os-Montes, se déployaient en même temps et avec le même éclat, à l'autre extrémité du royaume, sur une côte habitée par de pauvres pêcheurs, parmi les Algarves réputés les plus doux des Portugais. Le 16 juin, les habitans du village d'Olhâo étaient attroupés, lisant à la porte de l'église la proclamation que Junot avait faite après le désarmement des Espagnols. Un colonel, José Lopez de Souza, qui, avant l'occupation étrangère, commandait la petite place de Villa-Real de Santo-Antonio, arracha le placard. « Ne croyez pas à ces mensonges, mes » amis; les Français nous trompent, nous pil» lent, nous avilissent..... Nous ne sommes » plus des Portugais.... nous sommes indignes » de ce nom. » Ces paroles du colonel vont au cœur de ceux qui l'entendent, ils courraient aux armes s'il y avait des armes dans le village. José Lopez envoie à l'escadre anglaise en croisière sur la côte, demander des fusils, et comme on ne peut pas lui en donner, il s'adresse à la Junte espagnole d'Ayamonte. Avant que les armes soient arrivées, les habitans d'Olhâo montent sur leurs barques, se dirigent vers le fort d'Armona, enlèvent deux pièces de la batterie de côte et vont prendre des munitions dans le fort de Santo-Locenco, qui défend l'entrée de la barre de Faro. Ils aperçoivent dans le canal entre les îles et la côte, trois barques chargées de soldats français, qui allaient de Tavira à Faro. Ils vont à elles et les forçent d'amener.

Les Français n'avaient pas plus de neuf cents hommes dans les Algarves; outre quelques compagnies de la légion du Midi, à Alcoutim, le reste étant placé en réserve à Mertola, un bataillon du vingt-sixième, cinquante chasseurs et cinquante canonniers éparpillés à Alcoutim, Villal-Real de San-Antonio, Tavira et Faro. Le général Maurin commandant la province était dans cette dernière ville, malade au point de ne pouvoir être transporté. Maransin, colonel de la légion du Midi, exerçait le commandement actif. Il apprend à Villa-Real de San-Antonio, où il dirigeait la construction d'une batterie contre la place espagnole d'Ayamonte située vis-à-vis sur l'autre rive de la Guadiana, il apprend la révolte d'Olhâo. Aussitôt il accourt à Faro avec deux cents Français et avec les canonniers portugais du régiment des Algarves, sur lesquels il comptait comme sur ses propres troupes. Les insurgés d'Olhâo veulent s'opposer à son passage et sont renversés. Le corrégidor mor Goguet rassemble les magistrats de Faro, leur peint le déluge de calamités qui va pleuvoir sur leur pays. Ils sont saisis d'effroi, le capitaine d'artillerie Gaviel s'abouche avec les insurgés d'Olhâo. Ils se voient avec effroi en campagne à portée des troupes françaises; ils sont d'ailleurs tous marins et pêcheurs; on leur permet, outre l'oubli du passé, de ne pas les inquiéter dans l'exercice de leur profession, et de les laisser chercher le thon jusque dans la haute mer. Lopez qui a déchiré la proclamation française et Sebastiâo-Martin Mestre qui a commandé l'insurrection embarquée, s'enfuient en Espagne.

Cependant au bruit du tumulte d'Olhâo sont descendus des montagnes une foule de paysans armés, qui veulent avoir part à la gloire de leurs compatriotes du bord de la mer. Les

Français, obligés de tenir la campagne, n'ont dans Faro, avec leur général malade, qu'un petit nombre de soldats ouvriers attachés au dépôt de la légion du Midi et du 26e régiment d'infanterie. Pendant que la ville est ainsi abandonnée à elle-même, un marchand, Bento Alvarez da Silva Canedo, monte au clocher de l'église des Carmes et sonne le tocsin. A ce signal, la population s'émeut. Le régiment d'artillerie portugais se joint à ses compatriotes et tourne ses armes contre ceux auxquels il avait obéi jusqu'alors. On livre aux Anglais le général malade et une centaine de Français qui sont dans la ville. Il n'y avait aucun motif raisonnable pour aventurer, à soixante lieues de Lisbonne, une poignée de Français menacés par les Espagnols d'Ayamonte, et par les armemens anglais presque toujours en vue. Le corps réuni à Tavira alla, par Zambugal, rejoindre le gros de la légion du Midi à Mertola.

Arrivé là, Maransin veut savoir ce qui se passe en Portugal. Il envoie cent hommes d'infanterie et trente dragons à Beja pour avoir des nouvelles et faire des vivres.

Beja est une ancienne cité restaurée par Jules César, qui lui donna le nom de *Pas Julia* : elle a six mille habitans. L'évacuation des Algarves qu'ils attribuaient à la valeur portugaise leur avait tourné la tête. Ils assassinent quelques Français ; ils insultent les autres. Le corrégidor, prévoyant les désastres, a pris la fuite. Le provedor Francisco Pesagna et le juge de Fora, Antonio-Manuel Riveire Cermesao, tombent sous les coups d'une populace enivrée de rage. Le détachement français bat en retraite. On crie victoire dans la ville et on se livre à la joie.

Mais avant qu'un jour soit écoulé, arrive Maransin avec tout ce qu'il a de troupes à Mertola, environ un millier d'hommes. Il est quatre heures du soir, les soldats ont fait douze lieues en dix heures ; et cependant, impatiens de venger la mort de leurs camarades, ils s'élancent sur les portes de la ville et sur les brèches des vieilles murailles romaines. Un brave chef de bataillon du 29e, Berthier, est tué. Le rempart est escaladé en dix endroits, les portes sont enfoncées à coups de hache. La ville est saccagée. Tous ceux qu'on rencontre les armes à la main sont passés au fil de l'épée.

Le sac de Beja eut lieu le 26. Dès le 22, le sang portugais avait coulé dans l'Alemtejo, à Villa-Vicoza, petite ville où les rois de Portugal ont une maison de plaisance et qu'on considère comme le berceau des Bragances, parce que c'est de là qu'on vint tirer Jean IV pour le rétablir malgré lui sur le trône de ses ancêtres. Une compagnie du 86e régiment d'infanterie était cantonnée à Villa-Vicoza. Tout à coup, sans indices préparatoires, sans provocation, elle fut attaquée par les habitans et obligée de se réfugier dans le château. Le général Avril était à deux lieues et demie de là avec le reste du régiment. Il partit avec un demi-bataillon, un escadron et quatre pièces de campagne. La population révoltée eut la folie d'attendre les Français. Un major de milice, Antonio Lobo, plaça ceux qui avaient des fusils sur le rempart, sur les tours et dans les maisons adjacentes. Il forma en colonne, derrière la porte de la ville, ceux qui n'avaient que des piques. Cette savante disposition était faite dans la supposition que les Français viendraient par le chemin de Borba ; ils arrivèrent par le chemin de la Capada, où ils n'étaient pas attendus. Les Portugais étonnés prirent la fuite et perdirent un grand nombre d'entre eux, tant dans les rues de la ville que sur le chemin d'Olivença par où ils se retirèrent.

Ainsi jaillissait l'insurrection de partout à la fois. On ne pouvait plus frapper la terre sans qu'il en sortît des ennemis des Français. Lisbonne même éprouva une secousse, Lisbonne où était accumulée toute la force française en Portugal.

La procession de la Fête-Dieu, dans cette capitale, passe pour une des plus pompeuses solennités de l'Europe catholique. Elle parcourt le magnifique quartier que le génie de Pombal a élevé sur l'emplacement des masures renversées par le tremblement de terre de l'année 1755. Les rues sont jonchées de fleurs. Les murs sont tapissés de soie et de broderies. Les balcons sont ornés des femmes les plus belles, les plus opulentes, les mieux parées, qui ne manquent pas l'occasion de satisfaire en même temps un devoir de religion et un goût de vanité. Un saint George resplendissant de topazes, d'émeraudes et de diamans, ouvre la marche monté sur une haquenée éclatante de blancheur et entouré de tout le service de la maison du Roi. Des nuées de pénitens de toutes les couleurs et de moines de toutes les formes, composent un long cortége qui défile pendant plusieurs heures. Les corporations des arts et métiers, le sénat, les tribunaux, les conseils, les régimens de l'armée, les généraux, la milice, viennent ensuite. Les chevaliers de tous les ordres en manteau et en habit de gala précèdent le dais. Un clergé nombreux et le chapitre de l'église patriarcarle, semblable en vêtemens et égal en pompe au sacré collége, environnent le Saint-Sacrement. Le souverain, les princes de sa famille et les grands de l'État suivent la procession à pied, sans gardes et pour ainsi dire confondus dans la foule.

Dans les temps paisibles, cette solennité donne lieu à une surveillance extraordinaire de la police, en raison du concours immense de peuple qu'elle attire à Lisbonne. L'histoire a conservé le souvenir de tentatives faites autrefois par les Espagnols, pour assassiner le roi Jean IV à la procession du Saint-Sacrement. On vit une fois, pendant la révolution française, l'intendant de police Manique, arrêter le prince régent prêt à entrer dans l'église, en lui disant que les rues où le cortége devait passer étaient minées, et qu'une conspiration de Jacobins allait éclater. Quoique ce ne fût qu'une fable grossière pour intimider le prince et faire réussir une intrigue de cour, il était resté dans les esprits, au sujet de cette journée, une vague inquiétude à laquelle les circonstances présentes paraissaient devoir donner quelque fixité.

Le duc d'Abrantès ordonna que la procession se fît avec l'éclat accoutumé. Il n'y manquait aux désirs du peuple que le prince et saint George, dont le riche vêtement avait été emporté au Brésil. Du reste, les congrégations religieuses et les corps de l'État paraissaient à leur place ordinaire. Le canon du château tirait de quart d'heure en quart d'heure. L'infanterie française bordait la haie dans les rues. La cavalerie était en bataille et l'artillerie en batterie sur les places. Le général en chef ne voulut pas suivre le dais, afin d'éloigner la prétention qu'on n'aurait pas manqué de lui prêter, de se mettre à la place du prince absent. Il se rendit pour recevoir la bénédiction au palais de l'Inquisition, devenu le siége de la direction générale de police, et voisin de l'église où se faisait la cérémonie.

La procession était en mouvement depuis trois heures. Ceux qui ouvraient la marche, après avoir parcouru la rue Augusta, la place du Commerce et la rue des Orfévres, rentraient sur la place de Rocio. Le Saint-Sacrement sortait de l'église de Saint-Dominique. Tout à coup la plus grande agitation se manifeste parmi le peuple. Des cris effroyables se font entendre, qui sont répétés dans toute la ville. Les uns disent : *La terre tremble, nous allons être engloutis!* Les autres : *Voilà les Anglais, ils sont débarqués, ils arrivent!* Le plus grand nombre crie : *A nous, les Portugais! On nous tue, on nous égorge!* Les rues sont trop étroites pour recevoir la foule qui se précipite. La procession est rompue, les moines, les pénitens, les juges, les chevaliers prennent la fuite. Le prélat qui portait le Saint-Sacrement rentre épouvanté dans l'église, et se réfugie au fond de la sacristie, derrière un paravent. En peu de minutes la terre est jonchée de croix, d'encensoirs, de bannières, de sacs de pénitens, de manteaux brodés, de chapeaux panachés.

L'infanterie, allongée sur un rang de chaque côté de la rue, ne pouvait avoir la solidité nécessaire pour supporter la pression d'une foule impétueuse et compacte. Quelques soldats sont culbutés; les autres se pelotonnent; les canonniers chargent leurs pièces, et allument leurs lances à feu. La cavalerie met le sabre à la main, et s'avance au débouché des rues.

Cette démonstration calme de la prévoyance et de la force, suffit pour étouffer le tumulte, et dissiper la multitude, sans qu'une goutte de sang eût été répandue. Au premier signe de mouvement, le général en chef s'était élancé hors du palais de l'Inquisition; il courut à l'église, entra dans la sacristie, saisit par le bras le prélat officiant, et le ramenant à l'autel : « Que craignez-vous? dit-il aux prêtres et aux » nobles, ne suis-je pas au milieu de vous? » Voyez mes soldats; voyez comme ils ont l'at-

» titude ferme : soyez comme eux tranquilles » et confians. »

Junot rallia les débris du cortége, et fit recommencer la cérémonie. Il suivit le dais à pied avec son gouvernement et son état-major; deux fois pendant la marche apparurent de nouveau les symptômes du désordre. Des hommes au regard sinistre couraient et hurlaient dans les rues adjacentes, afin de troubler la procession. Elle s'acheva cependant avec décence. Le duc, rentrant à son quartier-général au milieu des flots du peuple, entendit encore, et pour la dernière fois peut-être, quelques voix s'écrier : *Viva o duque de Abrantes! Viva o nosso duque!*

Lorsqu'on criait dans les rues de Lisbonne : *Les Anglais débarquent! Voilà les Anglais!* en ce moment même un corps de six mille soldats de cette nation, commandé par le général-major Spencer, se rendait par mer de Gibraltar à l'embouchure du Tage. On l'avait signalé depuis quelques jours sur les côtes des Algarves, et les mouvemens de l'escadre de l'amiral Cotton annonçaient des projets offensifs. Depuis deux semaines, les communications étaient interrompues avec l'Espagne où l'on savait que tout était en feu. Arrivèrent ensuite, coup sur coup, les insurrections de Bragance, d'Oporto, de Coïmbre, de Leiria, de Villa-Vicoza, de Beja. Les anciens donnaient cent voix à la renommée : elle en a mille dans les insurrections populaires. Les relations qui arrivaient du nord exagéraient jusqu'à l'absurde; Loison avait été battu, pris, enchaîné par Sepulveda. Cinquante mille Portugais armés marchaient sur Lisbonne, suivis de vingt mille Espagnols, et non compris un nombre infini d'Anglais débarqués en vingt lieux différens.

C'était bien assez du mal réel pour absorber la sollicitude du chef de l'armée française. Il demanda à l'amiral Siniavin, de débarquer et de mettre à sa disposition quelques centaines d'hommes de ses équipages, sinon comme un secours effectif, du moins pour que les Portugais fussent frappés de l'alliance intime existante entre les Français et les Russes. L'amiral répondit froidement que son Empereur n'était pas en guerre avec le Portugal. Le duc d'Abrantès résolut de ne garder par des garnisons, qu'Almeida, Peniche, Abrantès et Elvas, et de concentrer l'armée autour de Lisbonne; mais toute serrée que dût être cette concentration, encore fallait-il ne pas se laisser acculer au Tage.

Avant de combattre la sédition populaire avec l'épée, le duc d'Abrantès essaya contre elle des armes moins meurtrières : il la fit anathématiser. Le chapitre de la patriarcale dit aux fidèles, dans un mandement, que c'était un crime contre Dieu, que de combattre le grand et invincible empereur Napoléon, crime punissable par l'excommunication majeure, indépendamment des peines de droit infligées, ordonnées par le temporel. En même temps, des commissaires partirent de Lisbonne, portant de la part du général en chef, aux Portugais soulevés, des paroles de paix, promettant que tout serait oublié, si le peuple rentrait dans l'ordre, annonçant que l'Empereur avait remis moitié de la contribution de guerre, et insinuant que cette moitié même ne serait pas entièrement exigée. Le desembargador José Diogo Mascarenhas suto, fut chargé de remplir cette mission près des Algarves, ses compatriotes. Il ne put aller plus loin qu'Alcacer do Sal, repoussé par la fureur de la population; et cependant nul n'était plus propre que lui à concilier, à cause de la noblesse de son caractère. Un personnage plus considérable fut envoyé dans le nord; c'était Pedro de Mello Bragner, ministre de l'intérieur et président du tribunal suprême (governador da Relacâo) d'Oporto. Son influence principale était dans la province du Minho, où il avait sa famille et ses propriétés. Il eût immanquablement usé de cette influence, pour se faire pardonner par les insurgés d'avoir paru, jusque-là, faire cause commune avec les ennemis du Portugal; mais il ne put accomplir son dessein. Les paysans l'arrêtèrent aux environs de Leiria, comme agent des Français, l'accablèrent de mauvais traitemens, et, malgré ses récriminations, le forcèrent à reprendre le chemin de Lisbonne.

Il fallut alors employer la force. Le général de brigade Margaron fut envoyé du quartier-général avec deux bataillons, quatre compagnies d'élite, deux escadrons et six pièces de canon. Le 4 juillet au matin, on apprit à Leiria que les Français venaient par Rio-Maior. Ce fut comme un coup électrique pour la population qui commençait à se reposer de sa première ardeur. Les magistrats et les chefs militaires tinrent une grande assemblée. L'alcade mor Rodrigo Barba, ancien colonel de cavalerie, fut nommé gouverneur. Le colonel de milice Isidore dos Santos Ferreira harangua ses soldats. Le capitaine mor Manuel Triqueros fit venir de partout les ordonnances. L'évêque chanta un *Te Deum* solennel. On promena dans les rues, avec des vivat et des acclamations prolongés, l'étendard du Portugal. Ces imaginations méridionales reprochaient à l'ennemi d'être trop lent à venir.

La nuit arriva, et les courages se refroidirent. Le gouverneur, l'évêque, les magistrats, et un grand nombre de héros de la veille, s'enfuirent. Il ne resta dans la ville qu'un millier d'hommes sans organisation, dont deux cents seulement étaient pourvus de fusils, et pas tous de cartouches. Vers une heure après midi, les Français se présentent. Margaron croyait avoir à combattre des troupes réglées ; il déploie sa brigade, l'artillerie marchant au centre, et ses ailes projetées à droite et à gauche, pour envelopper la ville. Quelques coups de fusil sont tirés. Les paysans prennent la fuite. Les Français les poursuivent dans la ville, et tuent tous les hommes armés qu'ils peuvent atteindre, n'ayant eux-mêmes qu'un homme tué et deux blessés dans cette rencontre.

De Leiria, la colonne de troupes françaises se rendit à Thomar. Cette ville effrayée, mais non repentante, venait de faire sa soumission, et d'obtenir son pardon par l'intermédiaire d'un Français, Thimothée Verdier, qui y avait une manufacture. Elle fut traitée avec bienveillance.

La marche du général Margaron sur Leiria avait pour objet, non-seulement d'obtenir des notions précises sur l'insurrection du nord du Portugal, mais encore d'avoir des nouvelles du général Loison. On savait vaguement qu'il était encore dans le Haut-Beira. On lui prescrivit de revenir sur le Tage. Vingt copies de cet ordre lui furent expédiées par toutes les voies qu'on put trouver. Une seule expédition lui parvint.

Loison fit sauter quelques pans des murs du fort de la Conception. Il forma pour Almeida une garnison de douze cents hommes, composée des soldats qui parurent les moins propres à supporter les fatigues. Il partit ensuite le 4 juillet, dirigeant sa marche à travers les riches vallées de la Cova de Beira et les montagnes arides de la comarque de Castello-Branco. Ce fut une marche en pays ennemi. Les villes, les villages venaient de faire leur révolution contre les Français ; et, dans la ferveur de récentes émotions, les plus timides se croyaient devenus des lions. A Guarda, ville épiscopale, située dans une position escarpée, qui commande le pays environnant, les habitans dévalèrent de leur vieux château démantelé, une vieille pièce de fer qui était là gissante depuis des siècles. Ils la portèrent sur un chariot dans l'avenue de la ville à la rencontre des Français, attirant par cette bravade impuissante, et par une fusillade désordonnée, la colère des soldats sur leurs maisons qui furent livrées au pillage. Loison épargna la ville manufacturière de Covilhao. Elle n'était pas sur sa route, mais il en sortait des paysans armés qui venaient assassiner les malheureux soldats que l'épuisement, causé par la chaleur, forçait à rester en arrière. Les habitans de Truidào et des villages environnans avaient pris la fuite. Ceux d'Atalaya, commandés par leur curé, essayèrent de disputer le passage. Leur audace venait de ce que le juge de Fora d'Alpedrinha, Joào Pedro Libeira de Carvalho, faisait avec l'aide de son capitaine mor une levée en masse à une demilieue de-là dans la montagne. Le général de brigade Charlaud marcha avec deux bataillons sur ce rassemblement, le dissipa avant de le joindre, et atteignit dans les défilés d'Alcongosta quelques fuyards, au nombre desquels fut le capitaine mor qui resta sur la place. Toutes sévères qu'étaient les leçons, il n'y avait pas lieu d'en attendre un effet salutaire. Les Français ne rencontrèrent pas de résistance à

Sarzedas, à Cartigada, à Macao, à Sardoa. Ce n'était pas que la population fût moins ennemie, mais elle était moins rassemblée, et les hommes ne s'étaient pas enhardis par le contact de leur commune pensée. D'ailleurs, on approchait d'Abrantès où se trouvait une garnison. Le corps de Loison y arriva le 11 juillet, n'ayant perdu dans cette marche militaire et laborieuse que deux cents hommes tués, blessés ou restés en arrière.

La concentration des forces de l'Alemtejo sur Lisbonne venait de s'opérer avec moins de fracas. Les Espagnols s'étaient renforcés dans leur camp de San-Cristoval, devant Badajoz. Un lieutenant-colonel, don Federico Morelli, y commandait une légion étrangère composée presque en entier de Portugais déserteurs. Après les malheureux combats de Villa-Vicoza et de Beja, il vint, afin de remonter l'esprit public dans l'Alemtejo, prendre poste à Jerumenha, petite place située à la rive droite de la Guadiana, avec deux cents hommes de la légion étrangère, et quelques hussards du régiment d'Estramadure. Ce fut un noyau pour les hommes ardens de la province. Le général Kellermann, commandant dans l'Alemtejo, fit reconnaître cette position. Il envoya aussi plusieurs reconnaissances sur Badajoz. Un détachement de dragons français enleva une fois la grand'garde espagnole sur la Caya. Un autre détachement chargea un escadron de Marie-Louise, et poursuivit les hussards jusqu'à la tête de pont de la Guadiana, où un factionnaire fut sabré sur le glacis.

Quoique Badajoz passe pour une des meilleures forteresses du midi de l'Espagne, on eut un moment le projet de l'enlever par escalade. Le général Kellermann fit réunir quelques échelles à Elvas. On pouvait raisonnablement espérer de réussir. On connaissait parfaitement la place. On savait que les courtines des fronts du sud, près de la Guadiana, sont basses et d'un accès facile. Il n'y avait que désordre et confusion dans la place. Ceux qui la défendaient n'étaient pas assez avisés, pour prévoir une attaque nocturne, sur la face de la Guadiana opposée à celle où était leur camp de San-Cristoval, celle par laquelle on attendait l'ennemi. L'ordre de concentration força Kellermann de renoncer à ce projet. Il répara et mit en bon état d'approvisionnement et d'armement, les forts de la Lippe et de Sainte-Lucie, sur lesquels repose la défense d'Elvas. On transporta dans cette place l'artillerie, les armes et les munitions qui existaient dans les autres places de la province. Ralliant ensuite les troupes des Algarves qui s'étaient portées à Evora, après le combat de Beja, il rentra à Lisbonne. La seule brigade du général Graindorge resta à la rive gauche du Tage, occupant la comarque de Setubal qui fait partie de l'Estramadure portugaise.

Les troupes de l'Alemtejo et de la Beira étaient à peine revenues sur le Tage, qu'une nouvelle alarme donna lieu à une nouvelle expédition. Pour observer l'établissement des Anglais aux îles Berlengues, on avait placé sur la côte en face, depuis la conque de Saint-Martin jusqu'à la pointe de Notre-Dame-de-Nazareth, à l'embouchure de l'Alcoa, quelques petits postes français, et on avait armé de mauvaises batteries que servaient les canonniers portugais. Un jour le fortin de Nazareth, qui est la principale de ces batteries, fut enlevé, et on vit arriver à Peniche une vingtaine d'hommes accourant essoufflés de Saint-Martin, annonçant que les canonniers portugais s'étaient soulevés, que leurs camarades étaient assassinés. Le général de brigade Thomières gardait Peniche et la presqu'île, avec un bataillon du cinquante-huitième, un détachement d'artillerie et cinquante dragons. Il n'avait donc pas assez de forces pour faire ou envoyer une reconnaissance jusqu'à Nazareth sans dégarnir sa place; cependant il alla à Obidos, et de là il engagea une mesure de conciliation avec l'abbé général des Bernardins d'Alcobaça, seigneur temporel et père spirituel du pays, qui avait été jusque-là le serviteur obséquieux des Français. Le message resta sans réponse et aussi sans effet sur les paysans, qui se rassemblaient en armes, embarrassaient les ponts, coupaient les routes. Les émissaires de Thomières virent parmi eux des officiers, des soldats anglais. Le général écrivit que dix mille hommes de cette nation avaient débarqué à Nazareth, que quinze cents Portugais arrivaient de Coïmbre, pour leur donner la main et marcher ensemble sur Lisbonne.

C'était peu de jours après que Margaron avait évacué Leiria. On entendait parler vaguement, depuis un mois, des différens armemens préparés dans les ports d'Angleterre. On avait vu paraître et disparaître à plusieurs reprises, à l'embouchure du Tage, des convois de bâtimens de transport. Le duc d'Abrantès ajouta foi à un débarquement d'Anglais. Sur-le-champ il disposa un corps de troupes pour les jeter dans la mer et avoir raison de l'insurrection portugaise, dût-on pousser jusqu'à Oporto et même passer le Duero.

Thomières partit de Peniche avec deux bataillons, pour prendre connaissance de ce qui se passait sur la côte jusqu'à Nazareth. Le général Kellermann marcha de Lisbonne par Villa-Franca et Alcoentre sur Alcobaça, avec le troisième régiment de dragons, une batterie d'artillerie et la brigade d'infanterie du général Brenier, composée du soixante-dixième régiment de ligne et d'un bataillon du quinzième léger. Les colonnes du général de brigade Margaron et du général de division Loison, qui étaient venues de Thomar et d'Abrantès à Santarem, eurent l'ordre de venir à Leiria.

A l'approche de Thomières, les défenseurs du fort de Nazareth tirèrent plusieurs coups de canon, prirent la fuite le long de l'estrade de la mer, et se cachèrent dans la forêt de pins de Leiria. Les autres colonnes ne rencontrèrent pas d'ennemis. Le débarquement dont on avait tant parlé, se réduisait à quelques petites pièces de canon transportées à terre par les Anglais des îles Berlengues. Il n'y avait eu d'autre armée portugaise sur ce point, qu'un rassemblement tumultueux des pêcheurs de la côte.

Dix mille Français se trouvaient réunis à Leiria. Officiers et soldats, tous brûlaient du désir d'aller frapper la révolte à Coïmbre et à Oporto. Les sentimens dévoués ont droit à notre sympathie; et ce sont assurément des sentimens dévoués que ceux d'une nation qui, au risque de perdre les biens et la vie, s'élève entière et comme un seul homme contre les envahissemens de son territoire. Cependant les Portugais avaient si long-temps caressé l'autorité française, et voilà qu'aujourd'hui, non de leur propre inspiration, mais en suivant l'exemple des Espagnols, ils éclataient dissolus dans leur exaltation, atroces dans leurs vengeances lorsqu'ils pouvaient assassiner sans danger, prompts à fuir aux premiers coups de fusil tirés sur le champ de bataille. De pareils ennemis ne pouvaient qu'inspirer dégoût et horreur aux troupes réglées ; aussi voyait-on s'amoindrir en campagne cette discipline sévère qui avait honoré l'armée française pendant les premiers mois de l'occupation, et qui se conservait toujours dans les cantonnemens. Les officiers ne pouvaient plus contenir leurs soldats justement irrités. On mettait le feu aux maisons d'où partaient les coups de fusil, et il ne faut pas s'étonner que plus d'une église ait été saccagée dans les tristes vicissitudes d'une guerre où les moines marchaient à la tête des bataillons.

C'était le 18 juillet. La grande chaleur avait tari la plupart des sources, de manière que, non-seulement le Mondego et la Vouga presque partout, mais encore le Duero sur plusieurs points, étaient guéables. Il eût été facile aux dix mille hommes rassemblés à Leiria d'emporter les mauvaises fortifications élevées à la hâte devant Coïmbre et devant Oporto. Le seul bruit de leur marche eût mis en déroute les troupes peu nombreuses et mal organisées de la Junte suprême. Rien n'empêchait de promener la désolation dans les provinces du nord du Portugal. Junot avait des entrailles : il aimait les Portugais. Il jugea qu'une expédition sanglante serait sans profit pour l'armée, puisqu'elle ne servirait qu'à exaspérer davantage une population déjà si exaspérée. Il rappela les troupes de Leiria. Quatre bataillons furent laissés, avec quelques escadrons de cavalerie et du canon, à Peniche, à Obidos, à Rio-Maior, à Santarem et à Abrantès, pour observer les principaux débouchés, à la rive droite du Tage. Les autres troupes, et particulièrement celles qui avaient fait les expéditions du Duero et de la Beira avec le général Loison, rentrèrent à Lisbonne.

Leur entrée dans cette capitale causa une

vive sensation. Elles vinrent en bateaux, s'étant embarquées sur le Tage à Santarem. Presque tous les habitans de la grande ville vinrent au débarquement sur la place du Commerce, s'assurer, par leurs propres yeux, que Manetta, c'est le nom qu'ils donnaient au général Loison qui avait perdu un bras, n'était pas mort. On leur avait dit si souvent que ses troupes et lui étaient anéantis. Depuis l'exécution de Caldas, Loison était, pour les Portugais, l'objet d'une haine spéciale et violente, que les événemens récens n'avaient pas affaiblie. On aurait tort de tirer de là des inductions rigoureuses contre le caractère et la vie de cet officier-général. L'opinion que les peuples conquis se forment des chefs militaires dépend moins de leurs dispositions personnelles, que de la nature des opérations de guerre qu'ils sont appelés à accomplir. C'est ainsi que le nom de Turenne, religieusement vénéré par les Français, est toujours en horreur dans le Palatinat du Rhin; et naguère encore en Catalogne, quand les mères voulaient faire taire leurs enfans pleureurs et criards, elles leur disaient : *Voilà Berwick qui arrive.*

Le duc d'Abrantès passa avec éclat la revue des troupes, et presque aussitôt il les envoya combattre dans l'Alemtejo. A cette époque, chaque jour arrivait gros de ses inquiétudes et chargé de sa tribulation. On n'avait pas fini au nord du Tage, et il fallait recommencer au midi. Il ne s'agissait point ici d'opérations vagues et improductrices. La moindre hésitation à se conformer à la raison d'État, eût compromis la sûreté de l'armée française.

En effet, il y avait à peine vingt jours que le général Kellermann avait évacué l'Alemtejo, et déjà l'Alemtejo avait son armée : tant les peuples sont prompts à entreprendre ce qu'ils veulent d'une volonté forte et unanime! Des garnisons espagnoles occupaient Castello-de-Vide, Marvão. La légion étrangère de Moretti, à Jerumenha, comptait mille hommes sous les armes, et d'autres troupes venues de Badajoz s'étaient placées en réserve derrière elle à Villa-Real. Les miliciens portugais s'agitaient devant la faible garnison française d'Elvas et l'inquiétaient de si près, que le colonel Miquel, commandant de cette place, allant à l'entrée de la nuit de la ville au fort la Lippe, était tombé dans une embuscade et avait été blessé à mort. Il venait des troupes de Portalègre, de Crato, d'Avis, d'Estremoz, de Montemor-Novo; les uns se contentaient de demi-paie, les autres ne voulaient rien recevoir. Les Juntes, celle de Portalègre, levaient un bataillon de volontaires qu'un riche gentilhomme de la ville, George d'Aviles, faisait habiller et équiper à ses frais. Le deuxième régiment d'infanterie se réorganisait à Castello-de-Vide. On avait trouvé dans le château d'Estremoz un approvisionnement de poudre et une grande quantité de fusils, de pistolets et de sabres que les Français avaient négligé de détruire. La Junte de cette ville rassemblait et travaillait à remettre sur un bon pied les régimens dissous, troisième et quinzième... Elle appelait à elle les canonniers du troisième régiment d'artillerie, dont le cadre était retenu par les Français dans le fort d'Elvas. Et, pour donner de l'emploi à tous les élans et à tous les courages, elle créait des corps nouveaux de volontaires. Villa-Vicoza avait formé une compagnie de Miquelets. Evora levait aussi des chasseurs à pied et à cheval, et il était arrivé de Badajoz une batterie de campagne de cinq canons et un obusier. Beja, à qui une cruelle expérience avait appris la supériorité des troupes régulières sur les masses désordonnées, organisait en bataillons les jeunes gens et les anciens militaires, et remontait le troisième régiment de cavalerie d'Olivença. Enfin dix-huit cents hommes bien ou mal armés des ordonnances levées dans la comarque d'Ourique, dans les cantons de Santiago de Casseca et de Grandola, occupaient Alcacer-do-Sal et garnissaient la rive gauche du Saldao jusque devant Setubal; l'ardeur était alimentée par les croisières anglaises devant ce port et par la frégate *le Comus* devant Sines où il se faisait de continuels débarquemens et où l'on entretenait des rapports avec la population.

Ce n'était sans doute qu'une ébauche d'armée et une ébauche imparfaite. Toutefois l'organisation était poussée avec intelligence et activité. Il y avait chaque jour accroissement de nombre, d'énergie morale et de force matérielle. Les révoltés comptaient sur les secours prochains du royaume des Algarves qui, ayant été débarrassé des Français avant les autres provinces, devait aussi avoir réorganisé plus de troupes. Le lieutenant-général Francisco de Pecala Leite, gouverneur de l'Alemtejo avant l'invasion, reprit son commandement. Dès lors l'action militaire fut centralisée; il n'y avait plus qu'un pas à faire pour donner aussi quelqu'unité au gouvernement civil. Il s'organisa à Evora une Junte dont la présidence fut attribuée en commun au général et à l'archevêque de la ville. Elle s'intitula Junte suprême en-deçà du Tage, et commença à être reconnue en cette qualité par la plupart des autres Juntes. Son premier acte d'autorité fut d'appeler à elle tout ce qu'il y avait de troupes organisées dans la province.

Les nouvelles du soulèvement de Tras-os-Montes et du Minho avaient été portées à Lisbonne vagues, exagérées et mêlées de fables absurdes, parce que les Français, n'ayant pas occupé ces provinces étaient réduits à ne savoir ce qui s'y passait que par des rapports officiels; et ces rapports venant à manquer, on ignora tout, comme si elles eussent été à mille lieues du chef du gouvernement. Il n'en fut pas ainsi dans l'Alemtejo, où quelques mois d'habitation avaient établi des rapports de plus d'une espèce entre les troupes et les habitans. Le duc d'Abrantès fut instruit du développement de cette nouvelle force ennemie, et il mesura l'étendue du danger. Si on la laisse exister, un jour viendra où les Anglais débarquant au nord du Tage, on sera pressé à la fois sur les deux rives du fleuve. Les Espagnols n'enflamment et ne dirigent le soulèvement de l'Alemtejo, que pour arriver promptement à délivrer leurs compatriotes entassés sur les pontons. Il faut marcher droit et ferme à la place d'armes de l'insurrection, au siége de son gouvernement, à Evora. En conséquence, Loison passa le Tage le 25 juillet, à la tête de huit mille hommes. Son corps se composait des trois bataillons des 12e et 15e légers et de la légion hanovrienne, des 58e et 85e de ligne, des 4e et 5e régimens provisoires de dragons formant deux brigades aux ordres des généraux Solignac et Margaron, d'une réserve de deux bataillons de grenadiers aux ordres du major Sainte-Claire, de huit pièces de canon commandées par le colonel d'artillerie d'Aboville.

La Junte poussa le cri d'alarme. Elle appela à Evora tout ce qu'il y avait de troupes organisées dans l'Alemtejo. Evora est la troisième cité du Portugal. Sa population, en temps ordinaire, est de quinze mille ames; mais il y en eut alors plus de vingt-cinq mille, à cause du grand nombre d'hommes qui accoururent des villages, pour prendre part à la défense commune. La ville est située sur les derniers contreforts de la Serra d'Ossa, agrégation de points culminans d'où les eaux coulent en sens divers vers la Guadiana, le Saldao et le Tage. Elle fut habitée jadis par les Romains qui y ont laissé des monumens de leur grandeur. Les murs dont l'entoura Sertorius, ont achevé de tomber dans le dix-septième siècle, et ont été remplacés par une enceinte bastionnée qu'a élevée l'ingénieur français Allain Mallet. Cette enceinte n'a pas été entretenue depuis les anciennes guerres avec l'Espagne, de sorte qu'en beaucoup d'endroits le parapet était effacé et dans d'autres il y avait des éboulemens de maçonnerie. On déblaya et retrancha à la hâte les brèches principales. Des cinq portes de la ville, quatre furent bouchées au moyen de massifs construits de pierres et de terre.

Le corps de Loison, marchant par l'ardeur de la canicule dans les landes sablonneuses de la rive gauche du Tage, ne faisait que de petites journées. Il se porta le 26 à Pegoens, le 27 à Vendas-Novas, le 28 à Montemor-Novo. Son avant-garde rencontra un détachement de quinze cents Portugais placés là en observation, et qui se replièrent en désordre sur le gros de leur troupe, après avoir perdu cent hommes. Le 29, à huit heures du matin, les Français furent aperçus prêts à tomber sur Evora.

En ce moment même arrivait dans cette ville le corps espagnol de Jerumenha fort de trois mille hommes, dont la légion étrangère, un bataillon de grenadiers provinciaux, un bataillon de chasseurs de nouvelle formation : le régiment de hussards de Marie-Louise et deux batteries d'artillerie servies, l'une par les canonniers à pied, l'autre par des canonniers à cheval, étaient déjà arrivés la veille. Les volontaires d'Estremoz, quelques pelotons de régimens d'infanterie et de milice et les Miquelets de Villa-Vicoza furent les seules troupes qui eurent le temps de se rendre à l'appel de la Junte. Elles formaient entre Portugais et Espagnols, avec ce qui était déjà à Evora, une force de cinq mille hommes, non compris la masse désordonnée de ceux qui étaient venus pour combattre, quoique ne faisant pas partie des corps réguliers.

Le général portugais Leite et le colonel espagnol Moretti rangèrent leur petite armée en bataille sur les hauteurs à huit cents toises en avant de la ville, depuis le moulin de Saint-Benoît, en coupant la hauteur de Saint-Caëtan, jusqu'à la quinta *dos cucos* voisine du vieux château ruiné d'Evora. Dix pièces de canon et deux obusiers défendaient cette position. La principale force d'infanterie fut établie à la droite. La légion étrangère espagnole se forma en réserve derrière le centre. On déploya en arrière de la gauche la cavalerie espagnole et portugaise; celle-ci était presque tout entière composée d'officiers.

Vers onze heures, l'artillerie et les tirailleurs des Hispano-Portugais commencèrent le feu auquel répondirent les tirailleurs et l'artillerie des Français. Le général Loison reconnut la position et adopta sur-le-champ la seule manœuvre appropriée à l'espèce d'ennemis qu'il avait à combattre. Il envoya vers la droite sa première brigade, en ordonnant au général Solignac de déborder le flanc de l'ennemi, de contourner la ville du côté du midi en la serrant de près et de s'étendre jusqu'au chemin d'Estremoz. Il porta par sa gauche le cinquante-huitième de la brigade Margaron sur la route d'Arrayolos, et la cavalerie eut l'ordre de pousser jusqu'à ce qu'elle eût joint la brigade Solignac.

Le mouvement étant commencé, le quatre-vingt-sixième régiment formé en colonne et soutenu à distance par la réserve, fut conduit au pas de charge par son colonel Lacroix sur le centre de la ligne ennemie. La plus grande partie de l'infanterie portugaise, composée de soldats rassemblés depuis peu de jours, se dispersa. La cavalerie espagnole et portugaise prit la fuite sans avoir croisé le fer, et le général en chef Leite s'enfuit en Espagne avec elle. Sept pièces de canon furent prises sur le champ de bataille. Les cinq autres furent amenées dans la ville à la suite de l'infanterie espagnole qui, conduite par son colonel Moretti et par le major don Antonio Muria Gallejo de la légion étrangère, fit meilleure contenance que le reste.

Cependant Evora restait à enlever. Le colonel Antonio Lobo ralliait les débris de l'infanterie portugaise, et mettait en batterie des pièces de canon pour défendre la porte du Rocio, la seule qui n'eût pas été murée. Les remparts étaient couverts de moines, de bourgeois, de paysans qui poussaient des hurlemens, s'embarrassaient les uns les autres avec leurs piques et tiraient des coups de fusil sur les Français. Les Espagnols, massés dans les rues, encourageaient par leur présence cette multitude de furieux. Elle fut bientôt attaquée corps à corps par le général Solignac du côté du vieux château, et sur les fronts d'Elvas, par le général Margaron en suivant l'aqueduc des Romains. Les soldats se pressèrent sur les brèches mal réparées. Les uns fichaient leurs baïonnettes dans les murailles et s'en servaient en guise d'échelles. Les autres s'introduisaient dans la ville par des égoûts et de vieilles poternes. Le lieutenant du génie Spinola né à Gênes et un officier d'état-major du général Solignac furent tués dans l'attaque; un autre aide-de-camp de ce général, Descragnolles, y fut blessé, en faisant des prodiges de valeur. Bientôt les assaillans furent aux prises avec l'infanterie espagnole, pendant que les Portugais faisaient feu sur eux des remparts, des clochers, des fenêtres, des portes, des toits, des maisons. Le géneral Loison fut obligé d'ébranler à coups de canon et de faire déblayer à bras, les barrages des portes, afin d'introduire dans la ville des colonnes à l'appui des braves qui y avaient déjà pénétré. Le lieutenant-colonel d'artillerie portugais Domingos Gallejo fut fait prisonnier. Il s'échappa un grand nombre d'Espagnols qui purent gagner le chemin d'Estremoz, avant que les dragons français y fussent arrivés. Les Portugais ne furent pas si heureux. Ils perdirent plus de deux mille hommes sur le champ de bataille, sur les remparts, et surtout dans les rues d'Evora. Le pillage et le carnage durèrent plusieurs heures; enfin l'archevêque Frère Manuel do Cenanos Villas Baos, obtint merci du vainqueur. Le général Loison, après quelques reproches adressés à ce prélat sur les suites funestes d'un soulèvement que son caractère épiscopal avait autorisé et sanctionné, lui confia l'administration de la ville. Cette journée, si sanglante pour les insurgés, coûta aux Français cent hommes tués et le double de blessés.

Le sac d'Evora retentit à Lisbonne; grands et petits, riches et pauvres, tous s'associaient à l'insurrection par leurs impressions et leurs vœux, en attendant qu'ils pussent y prendre part les armes à la main. Cette disposition ennemie était encore échauffée par la détresse toujours croissante. Les habitans aisés émigraient en foule vers les provinces du royaume, que ne souillait plus la présence de l'étranger. Lisbonne ressemblait à un désert; plus de luxe, plus de voitures, plus de mouvement dans les rues. Les troubles des provinces avaient fait renchérir les vivres dans la capitale; il n'y avait plus de travail commandé aux ouvriers. Les propriétaires avaient cessé de toucher leurs revenus, et les employés leur salaire. Tous ceux qui vivaient auparavant de la cour, des Fidalgues, du clergé, du commerce, tous ceux-là demandaient l'aumône : ils étaient plus de vingt mille. L'autorité française voulut arrêter cette émigration, autrement active et contagieuse que ne l'avait été pendant les premiers mois de l'occupation, l'émigration au Brésil. On défendit de sortir de Lisbonne sans passeport, comme s'il eût été possible de tenir les habitans emprisonnés dans une ville immense qui n'a ni murs ni portes, et dont les quartiers lointains sont éparpillés à travers les montagnes et les vallées, sans qu'on sache où la campagne commence, et où Lisbonne finit. On fixa aux émigrés, comme on l'avait fait aux premiers, un délai pour rentrer, sous peine de confiscation des biens, et on décréta de plus l'arrestation des parens; et les émigrés et leurs parens rirent du décret de Junot, persuadés qu'ils étaient, qu'avant l'expiration du délai la patrie serait délivrée. On ordonna aux habitans des villes et des campagnes de rendre les armes qu'ils auraient en leur possession, et ce désarmement tardif, exécuté seulement à Lisbonne et dans les villages voisins, fit entrer à l'arsenal quelques centaines de fusils de chasse, tandis que des milliers de fusils de munition avaient été négligés et délaissés dans le pays occupé par les insurgés. On défendait les pétards et les feux de joie en usage dans les rues et devant les églises la veille des grandes fêtes, et la défense faisait dire et redire dans toutes les maisons quels nombreux pétards et quels brillans feux de joie avaient signalé la restauration à Bragance, à Oporto, à Coïmbre, aux Algarvés. On remplissait la Gazette officielle de Lisbonne de renforts rentrés en Espagne par Bayonne et par la Catalogne, sous les ordres du maréchal Lannes, très-connu des Portugais. On leur parlait de victoires remportées par les Français à Sarragoce, à Valence, à Cordoue. Ils répondaient avec les gazettes espagnoles que Sarragoce résistait, que Moncey avait échoué devant Valence; que Dupont et son armée étaient prisonniers de guerre, et qu'autant il en arriverait à Junot et à l'armée dite de Portugal, avant que les renforts de France eussent eu le temps de passer les Pyrénées.

La passion populaire ne se contente pas long-temps de souhaits et d'espérances. Après l'effort infructueux de la procession de la Fête-Dieu, plus d'un effort fut tenté pour enflammer la population. Un dimanche, le 24 juillet, au moment où les fidèles sortaient de la messe, un convulsionnaire se montra à la porte d'une des principales paroisses, armé d'une pique, bariolé de rubans aux couleurs bleue et rouge, et portant autour de son chapeau la légende: *Viva o Portugal! Viva o principe regente nosso senhor!* Une patrouille française, passant par-là, dissipa l'attroupement et saisit l'homme qui en était la cause. On reconnut qu'il avait été habillé de cette manière et mis en cette évidence, afin de faire éclater l'opinion: il fut jugé par une commission militaire et fusillé.

Le même jour, on trouva sur le maître-autel de la Patriarcale, un œuf qui portait très-distinctement écrit sur sa coque en couleur tranchante : *Mora os Francesos*. L'œuf prophétique fut apporté au quartier-général. Le duc d'Abrantès fit rassembler devant les Portugais une grande quantité d'œufs. On traça sur chacun d'eux, avec une matière grasse, l'inscription : *Vive l'Empereur!* Ces œufs furent ensuite trempés dans un acide. Au bout de quelques minutes les inscriptions parurent sur toutes les coques, en couleur tranchante, comme sur l'œuf de la Patriarcale. On donna à cette contre-épreuve du miracle la plus complète publicité. Les œufs furent placés ostensiblement sur les maître-autels de toutes les églises de Lisbonne.

Il était moins facile aux Français de réfuter les proclamations irritantes qui, en dépit de leur vigilance, étaient placardées chaque nuit en vingt endroits de la ville. Mais le général en chef comptait avec raison, pour en amortir l'effet immédiat, sur une influence occulte placée hors de l'action de sa propre police. Après que les Français eurent effacé le gouvernement, les insignes et presque le nom du Portugal, il s'était formé à Lisbonne, par les soins de l'actif octogénaire José de Scabra, une association dont les membres se lièrent entre eux par le serment d'employer leurs communs efforts à restaurer la patrie et replacer la maison de Bragance sur son trône. Ce qui restait à Lisbonne de Fidalgues opulens, de militaires d'un grade supérieur, de membres éminens du clergé séculier et régulier, s'y jeta. Il y entra aussi des officiers de la garde de police, des négocians et même des Portugais attachés par leurs fonctions au gouvernement du général Junot. La société devint si nombreuse, qu'elle fut obligée de se concentrer et de se placer sous la direction d'un comité qui s'intitula : *Conseil conservateur de Lisbonne.* Le titre seul indiquait des conspirateurs pacifiques. Le comité se mit en rapport d'abord avec l'escadre anglaise, avec l'escadre russe, avec les commandans des troupes espagnoles, et plus tard avec les chefs de l'insurrection portugaise dans les provinces. Les projets ardens, prompts à éclore chaque jour chez des hommes impatiens du joug de l'étranger, et les combinaisons plus calmes, que justifiaient les dispositions du pays, venaient également aboutir au comité, et le comité ne manquait pas de se mettre en travers de tout ce qu'il n'avait pas préparé, et d'employer les conspirations partielles, dans la conspiration générale qu'il prétendait diriger. Cependant la conspiration générale, ardente en paroles et timide en actions, marchait toujours à la vue et quelquefois sous l'influence inaperçue du général français. Elle marchait lentement, précautionneusement, en un mot, comme il convenait à des personnages riches et considérables, qui voulaient arriver à fin tard ou tôt, et sans compromettre leurs personnes et leurs têtes.

On ne pouvait plus compter sur les secours ni même sur la neutralité de la moindre fraction de la nation portugaise. Quelques ecclésiastiques de Beja, de Leiria, d'Evora, qui, remplissant leur sublime ministère de paix, s'étaient jetés entre les vainqueurs et les vaincus, et avaient accepté momentanément des généraux français des fonctions publiques, pour faire cesser l'effusion de sang, étaient devenus suspects pour ce seul fait, et le respect attribué au caractère épiscopal, n'empêcha pas plus tard l'archevêque d'Evora d'être emprisonné par l'ordre d'une Junte subalterne. A plus forte raison la haine publique poursuivait-elle quelques Portugais compromis, pour être restés trop long-temps attachés au gouvernement et à la personne du duc d'Abrantès. Les négocians de la factorerie française établis depuis long-temps à Lisbonne, purent craindre d'éprouver plus tard les catastrophes qui avaient accablé, dans les villes d'Espagne, leurs compatriotes placés dans la même position. Quelques-uns d'entre eux se joignirent à ceux que des opérations commerciales avaient fait venir à la suite de l'armée et ils formèrent, pour servir près du général en chef, une belle compagnie de volontaires à cheval dont Bastiat, négociant de Bayonne, fut le capitaine.

La garnison de Lisbonne était un modèle

d'ordre et de discipline. Les officiers-généraux ne laissaient échapper aucune occasion de la montrer au peuple; souvent on faisait faire l'exercice à feu dans le camp d'Ourique, place de réunion de la garnison. La tranquillité de la capitale était assurée, tant qu'on y tiendrait réunie une grande quantité de troupes. On avisa aux moyens d'obtenir la même sûreté pour le cas où l'armée serait réduite à ne disposer que d'un ou de deux bataillons pour la garde de la capitale.

Il ne subsiste des anciennes fortifications de Lisbonne que des fronts ruinés et presque déformés du côté d'Alcantara, et un vieux château au centre de la ville. Le château de Lisbonne porte encore le nom de château des Mores, parce qu'il a été bâti au temps de leur domination. Il couronne la sommité de la plus haute des sept collines sur lesquelles, semblable à l'ancienne Rome, cette ville est assise. Son enceinte de maçonnerie épaisse et non terrassée, n'est flanquée que par des tours saillantes. Son canon voit de près et en plongeant les rues et les places les plus populeuses.

Les Français mirent le château en état de défense. Plusieurs maisons adossées au mur d'enceinte furent abattues. Les citernes furent réparées. On y transporta un approvisionnement d'eau, cent mille rations de biscuit et les armes qui, depuis un temps immémorial, n'étaient pas sorties de l'arsenal. On y conduisit aussi des canons et des mortiers. Les mortiers surtout glacèrent d'effroi les Portugais. Ils crurent qu'une pluie de bombes allait tomber sur leurs maisons.

Le général Junot eut encore la pensée d'établir un camp retranché sur la colline dégarnie, qui s'étend dans la partie orientale de la ville, depuis le couvent de Graça, dans la direction de Nossa-Senhora-do-Monte. Ce fut une pensée passagère comme celle que produit un esprit perçant, mais inappliqué. Au reste, sa prévoyance n'embrassa jamais le système d'une campagne méthodique dans l'intérieur, et sur les frontières de terre du Portugal, telle qu'il pourrait un jour être contraint de la faire, soit pour attendre des renforts, soit pour se retirer sur l'Espagne. Cette campagne eût été possible, même facile, si l'on eût à l'avance amassé des munitions de guerre et de bouche dans les places de l'Alemtejo et surtout dans Abrantès, indiqué par son admirable position, à cheval sur le Tage et derrière le Zezere, pour être la forteresse qui commande au Portugal. Mais dans les idées généralement reçues, le Portugal était dans Lisbonne, et Lisbonne était à elle seule tout le Portugal. A voir la nature des travaux de fortification entrepris depuis l'occupation et toujours continués, on eût dit que les Français n'y pouvaient être attaqués que par des escadres, et qu'il n'y avait d'autre chemin pour arriver à eux, que la rivière. Cependant le moment approchait où les destinées du pays allaient être réglées sur un autre champ de bataille.

L'ARMÉE était bien éloignée de redouter le combat. Elle vivait confiante dans son chef et peu soucieuse de l'avenir. Les conscrits s'étaient aguerris dans leurs rapides campagnes contre les insurgés. Ce n'eût pas été ces insurgés, fussent-ils deux cent mille, qui eussent suffi pour dompter les vingt mille Français de Junot. Les Portugais le savaient et ils appelaient, par des vœux ardens et continuels, une armée de libérateurs. On les voyait, du haut des promontoires à l'embouchure des fleuves, promener leurs regards avides sur l'immensité de la mer. Un jour, le 29 juillet, arriva dans la baie du Mondego, une flotte nombreuse de bâtimens de transport qui, par ses manœuvres et ses signaux, paraissait se préparer à opérer un débarquement. Cette flotte portait une armée anglaise.

LIVRE NEUVIÈME.

INVASION DU PORTUGAL.

SOMMAIRE.

Préparatifs de l'Angleterre pour soutenir l'insurrection de la Péninsule. — L'expédition du Portugal est confiée à sir Arthur Wellesley. — Il débarque aux deux côtés de l'embouchure du Mondego. — Situation difficile de l'armée française. — L'amiral russe Siniavin se refuse à toute coopération. — Le général Delaborde marche aux Anglais. — Jonction des armées anglaise et portugaise. — Les Anglais marchent seuls sur Roliça. — Disposition savante du général Delaborde. — Combat de Roliça. — Retraite du général Delaborde. — Il prend position à Cabeça de Montachique. — Le général en chef se met en campagne. — Le général Travot nommé commandant de Lisbonne. — Rassemblement de l'armée à Torres-Vedras. — Force de l'armée française. — L'armée anglaise prend position à Vimeiro. — Le duc d'Abrantès marche à l'ennemi. — Bataille de Vimeiro. — Retraite de l'armée française sur Torres-Vedras. — Le général en chef tient un conseil de guerre. — Le général Kellermann est envoyé au quartier-général anglais. — Il parvient à conclure un armistice. — Rupture de l'armistice. — Résolution énergique de Junot. — Convention de Cintra. — Les Français évacuent le Portugal, et débarquent à La Rochelle, Quiberon et Lorient.

LIVRE NEUVIÈME.

INVASION DU PORTUGAL.

La campagne que nous allons raconter n'a duré que vingt jours. Elle ne se distingue pas, entre les autres, par l'éclat des événemens de guerre, et encore moins par le nombre de soldats mis en action; cependant elle restera mémorable, comme marquant le début d'une lutte nouvelle et plus animée entre la Grande-Bretagne et la France. Depuis quinze ans le cabinet de Saint-James n'envoyait plus ses armées faire une guerre méthodique sur le continent. Réservant les soldats anglais pour les expéditions immédiatement liées à l'emploi des forces navales, il n'attaquait plus la France que par des guerres et des conspirations qu'il soudoyait contre elle. Rien n'eût été changé à cette politique, si les Espagnols et les Portugais eussent accepté paisiblement le joug de l'empereur Napoléon.

Au mois de novembre 1807, un corps de six mille hommes, aux ordres du général-major Brent-Spencer, se rassemblait à Portsmouth, destiné à renforcer l'armée anglaise de Sicile qu'avait affaiblie l'expédition récente d'Alexandrie. On voulut s'en servir pour aider à prendre la flotte portugaise et la flotte russe qui étaient dans le Tage. Mais le départ du prince régent pour le Brésil, et l'arrivée des Français à Lisbonne, firent renoncer à ce projet. Le corps de Spencer alla à Gibraltar.

C'était une station intermédiaire entre la Sicile, destination première de l'expédition, et le Portugal occupé par les Français. D'autres Français passaient les Pyrénées et inondaient la Péninsule. Le cabinet de Saint-James était loin de deviner la résistance des Espagnols. Le corps de Spencer fut destiné un moment à prendre Ceuta et les autres présides sur la côte d'Afrique. Dans le même temps, on préparait dans les ports britanniques des embarquemens de troupes, avec le projet de les envoyer dans l'Amérique espagnole. Les Anglais avaient à venger l'outrage reçu à Buenos-Ayres. Il leur importait d'enlever à l'Espagne les secours de ses colonies, lorsque l'Espagne achevait de tomber sous le pouvoir illimité de la France.

Cependant les escadres anglaises cernaient la Péninsule espagnole. L'amiral sir Charles Cotton, chargé des côtes du Portugal, se tenait toujours en vue de Lisbonne, et envoyait des bâtimens légers croiser à l'embouchure du Duero, à l'embouchure du Mondego, entre les Berlengas et Peniche, devant Pombal, devant Sines et vis-à-vis les Algarves. Il avait pour mission spéciale d'agiter le pays, ce qu'il faisait au moyen de sa correspondance secrète et avec des proclamations. Dans les premiers jours du mois de juin 1808, le mécontentement des

Portugais paraissant près de se résoudre en un soulèvement général contre l'armée française, l'amiral Cotton appela le corps de Spencer pour, avec lui, enlever les forts du Tage, et la ville de Lisbonne qu'il croyait dégarnie de troupes. Spencer arriva peu de jours après l'émeute essayée pendant la procession de la Fête-Dieu. Reconnaissant que les Français étaient nombreux et faisaient bonne garde, il retourna à Gibraltar.

L'Espagne alors se réveillait de son long sommeil. Nous avons vu dans le livre quatrième avec quelle sympathique effervescence furent applaudis à Londres ses premiers efforts contre les Français, et avec quelle profusion on lui fit passer des armes et de l'argent. Le lieutenant-général sir Hew Dalrymple, commandant à Gibraltar, envoya devant Cadix pour être à la disposition de la Junte de Séville, le corps du général Spencer. On rassembla à la hâte, à Cork en Irlande, un autre corps de neuf mille hommes, destiné, suivant les circonstances, à seconder les efforts des Espagnols, ou à attaquer les Français dans le Tage.

Le commandement de ce corps fut confié à sir Arthur Wellesley, le même qu'on a appelé depuis lord Wellington. Il avait quarante ans et un corps robuste. Il était connu dans son pays pour un homme de résolution qui s'était exercé au commandement militaire sur une petite échelle, dans les campagnes de l'Inde, lorsque son frère, le marquis de Wellesley, en était gouverneur général. Il avait été promu, depuis deux mois, au grade de lieutenant-général, après la courte campagne de Copenhague, où il s'était fait remarquer à la tête d'une brigade. Sir Arthur fit partie du ministère en qualité de secrétaire d'état d'Irlande. Il appartenait, par l'âpreté de son opinion politique, au système de gouvernement de Pitt, continué et exagéré par ses successeurs Perceval et Castlereagh.

Les neuf mille hommes, embarqués à Cork,

mirent à la voile le 12 juillet. Ils furent, le 20, devant la Corogne. L'armée de Galice venait d'être battue à Rio-Seco; et cependant la Junte de la Corogne déclara au général Wellesley qu'elle n'avait pas besoin du secours d'une armée anglaise. Elle lui conseilla de débarquer en Portugal, pour en chasser les Français. Sir Arthur continua sa route. Il s'arrêta devant Oporto, y eut une conférence avec l'évêque et les principaux du pays qui promirent d'appuyer les troupes britanniques par la coopération d'une armée portugaise, et, en outre, de lui fournir en abondance des moyens de transport et de la viande, et il donna l'ordre au convoi de s'arrêter à l'embouchure du Mondego. Ce point de débarquement, le plus convenable tant à cause de la bonne qualité du mouillage, qu'en considération des opérations militaires qui devaient s'ensuivre, était indiqué par l'amiral sir Charles Cotton, dont la prévoyance avait fait occuper, par une garnison de troupes de marine, le fort de Figueira qui commande la baie. Sir Arthur alla devant la barre de Lisbonne concerter ses opérations avec l'amiral. Il envoya de là au général Spencer, l'ordre de venir devant Figueira, et lui-même y rejoignit, le 30 juillet, son convoi qui était arrivé la veille.

On venait de recevoir des dépêches importantes d'Angleterre. Chaque fois que des nouvelles y venaient de l'Espagne, c'était à Londres une nouvelle explosion d'enthousiasme. Le cabinet britannique avait jugé qu'il n'avait pas assez des expéditions, pour satisfaire l'opinion publique d'accord avec les intérêts solides du pays. La coopération des forces actives de l'Angleterre devait être proportionnée à l'énergie croissante et inespérée de la nation espagnole. Il se décidait à envoyer à son secours tout ce qu'il y avait de troupes disponibles sur le territoire ou dans les ports de l'Angleterre, savoir : huit bataillons rassemblés à Ramsgate sous les ordres du brigadier-général Anstruther, cinq que commandait le général Acland à Harwick ;

et onze mille hommes, arrivant de la Baltique sous les ordres de sir John Moore, recevaient la même destination. Ces forces, réunies aux deux expéditions déjà parties et à quelques bataillons de renfort attendus de Gibraltar et de Madère, devaient former un total de trente-trois mille hommes, y compris l'artillerie et dix-huit cents hommes de cavalerie. Arthur Wellesley étant le dernier lieutenant-général de l'armée anglaise dans l'ordre du tableau, ne pouvait conserver le commandement en chef. On y appela sir Hew Dalrymple, qui, dans son gouvernement de Gibraltar, avait eu de bons rapports avec les autorités espagnoles. Le lieutenant-général sir Harry Burrard, l'un des chefs de la malheureuse expédition d'Ostende en 1798, fut envoyé d'Angleterre pour commander en second.

Sur le point de n'être plus que le sixième en rang, après s'être embarqué à Cork général en chef, Arthur Wellesley se hâta de faire débarquer les troupes aux deux côtés de l'embouchure du Mondego. Le vent d'ouest, la mer houleuse, l'escarpement de la côte au nord près de Boarcos, ses bas-fonds au sud près de Lavoos, contrariaient l'impatience du général. Le débarquement fut long et coûta la vie à plusieurs matelots et soldats anglais. Pendant qu'il s'exécutait, l'armée portugaise, commandée par Bernardin Freire, arriva à Coïmbre, forte de sept mille hommes d'infanterie et six cents de cavalerie. C'était tout ce qu'avaient pu produire en un mois et demi de troupes organisées, l'insurrection des provinces du nord et les efforts de la Junte suprême d'Oporto. Encore la plupart des soldats manquaient-ils de fusils. Sir Arthur Wellesley leur en fit donner. Dans une conférence du général anglais avec les généraux portugais qui eut lieu le 7 à Monte-Mor-o-Velho, il fut décidé que les armées des deux nations marcheraient droit à Lisbonne, pendant qu'un corps formé des soldats et des miliciens de Tras-os-Montes et de Beira, commandé par le maréchal de camp Manuel Pinto Bacellar, se porterait par Viseu et Castello-Branco vers Abrantès, afin d'observer les Français pour le cas où ils essayeraient de se retirer par-là sur l'Espagne; car parmi les instructions données à sir Arthur Wellesley, son gouvernement lui avait recommandé, dans le cas d'opération sur le Portugal, non-seulement de chasser l'ennemi de Lisbonne, mais encore de lui couper la retraite sur l'Espagne.

Le corps du général Spencer était sur ces entrefaites à la baie de Mondego, et ayant débarqué à Lavoos, l'armée anglaise commença son mouvement le 9 août, forte de treize mille trois cents hommes d'infanterie, deux cents chevaux et dix-huit pièces de canon attelées. Elle avait des cartouches d'infanterie en abondance et un approvisionnement de dix-sept jours de pain, savoir : trois jours dans le sac du soldat, et le reste porté sur des mules. Les troupes arrivèrent le 10 et le 11 à Leiria;

l'armée portugaise s'y porta le 12 venant de Coïmbre, par Pombal.

Des flots de paysans accouraient des villages voisins pour s'assurer par leurs propres yeux de l'arrivée des Anglais, et les saluaient de leurs affectueuses acclamations. L'enthousiasme gagna rapidement Lisbonne. La plus grande partie de la légion de police, jusque-là fidèle aux Français, passa aux insurgés. Les proclamations du général Wellesley et de l'amiral Cotton furent répandues et lues avec avidité. C'était pour le Portugal le jour de la délivrance et pour les Français le signal de la catastrophe. Elle avait déjà commencé en Espagne : la victoire remportée le 14 juillet à Medina de Rio-Seco par le maréchal Bessières vint comme un éclair raviver leurs espérances. Mais on savait, auparavant, la défaite et la capitulation du général Dupont à Andujar ; et ce désastre bien constaté dont on ne pouvait douter, absorbait les avantages insignifians que pouvait procurer cette victoire. Le duc d'Abrantès apprit bientôt après que le roi Joseph était obligé d'abandonner Madrid peu de jours après y avoir fait son entrée royale, et que l'armée de l'Empereur se retirait sur l'Ebre. Ainsi vingt mille Français vont être assaillis par la nation portugaise tout entière, par des flottes, par des armées, par quatorze mille Anglais que vingt mille autres vont suivre, et s'ils essayent de se réunir à leurs camarades les moins éloignés d'eux, ils auront deux cents lieues à faire dans un pays ennemi, d'épaisses montagnes et de larges rivières à franchir, des armées victorieuses à combattre. Les dix mille Grecs de Xénophon se trouvaient dans une situation moins difficile, lorsque, poursuivis par les armées du grand Roi, ils essayèrent de revenir dans leur patrie à travers le pays des Barbares.

Un devoir particulier était imposé à l'armée française par l'opinion qu'elle-même s'était formée. Le général en chef s'était accoutumé à regarder Lisbonne et la flotte du Tage comme un dépôt qui ne devait pas être abandonné, sans courir auparavant la chance d'une bataille. Bien que l'Empereur n'eût donné aucun ordre positif à ce sujet, ni avant ni depuis les troubles de l'Espagne, il se regardait comme comptable de ce dépôt envers lui. Celui qui eût proposé d'évacuer le Portugal, lorsqu'il y avait encore des chances d'arriver sur l'Èbre sans éprouver une perte considérable, celui-là eût été repoussé par l'opinion unanime de l'armée. On se prépara à marcher à l'ennemi pour combattre.

L'armée française n'était pas réunie; le général Loison parcourait l'Alemtejo, et y recevait la soumission des villes terrifiées par la défaite des Portugais et des Espagnols à Evora. Jugeant que l'effroi devait aussi avoir gagné Badajoz, il envoya le major Theron avec un régiment de dragons et deux bataillons d'infanterie devant cette place, demander les officiers français qui y étaient détenus. Le gouverneur répondit que la fureur du peuple ne permettait pas de les rendre. On se préparait à envoyer quelques bombes à cette population furieuse pour la calmer, lorsque survint la nouvelle du débarquement des Anglais. *Accourez à Abrantès*, écrivait le général en chef au général Loison, *il n'y a pas un moment à perdre ; abandonnez tous vos projets, quand même vous seriez sûr de prendre Badajoz.* Loison se hâta de compléter l'approvisionnement d'Elvas, dont le chef de bataillon du génie, Girod de Novillas, prit le commandement en remplacement du colonel Miquel, mort de ses blessures. Prenant ensuite sa direction par Arronches, Portalègre, Tolosa et Casa-Branca, il arriva le 9 août à Abrantès, après avoir perdu un assez grand nombre de soldats morts de soif et de fatigue, et là il pouvait, suivant l'occurrence, se porter en tête de l'armée anglaise, ou déboucher sur son flanc.

Il importait, lorsque le sort de l'armée allait se décider sur la rive droite du Tage, d'être débarrassé de toute inquiétude du côté de la rive gauche. Les bandes d'ordonnances réunies à Alcacer-do-Sal y formaient une masse plus nombreuse que redoutable, qui ne s'était pas débandée au bruit du canon d'Evora. Un homme entreprenant, Sebastiao Martin Mestre, dirigeait ce rassemblement, et avait amené à Montalvo quatre grosses pièces de fer, qu'il avait trouvées dans le petit port de Melides. La croisière anglaise devant Setubal paraissait appuyer ce rassemblement, et on disait qu'il allait être grossi par l'armée des Algarves qui passait les montagnes. Le général Kellermann partit de Lisbonne le 11 août, avec cinquante chevaux, prit à Setubal huit cents hommes des 31e et 32e légers, marcha sur Alcacer-do-Sal, dispersa le rassemblement des Portugais dont le peu d'importance put être apprécié, rentra ensuite à Setubal, évacua la place après avoir ruiné les forts, les batteries et les magasins, et ramena les troupes sur les hauteurs d'Almada, laissant une petite garnison dans le vieux et inutile château de Palensla, placé sur la pointe d'un pic proéminent pardessus les montagnes de cette partie du Portugal.

La flotte russe était toujours en station à l'embouchure du Tage. Le général Junot crut que le moment était venu de vaincre l'impassibilité de l'amiral Siniavin; il lui représenta qu'il ne s'agissait plus de combattre des Portugais, mais bien des Anglais avec lesquels l'Empereur Alexandre était en guerre; et que, dans les circonstances présentes, ce serait immanquablement la campagne de terre qui déciderait du sort de l'escadre. Il le conjura d'essayer de partir pour inquiéter l'amiral Cotton, ou, s'il voulait continuer à rester immobile, de débarquer une partie de ses équipages, pour les employer à la défense des forts du Tage. Siniavin repoussa obstinément les propositions qui lui furent faites, déclarant qu'il ne combattrait que dans le cas où les vaisseaux anglais voudraient forcer l'entrée de la rivière.

L'armée française dut pourvoir seule à la défense du Tage. Le général de brigade Graindorge resta pour commander sur la rive gauche; le quarante-septième régiment fut établi dans les forts Bugio et de Tafaria, et à bord des vaisseaux, pour concourir à la défense de la passe et garder les soldats espagnols prisonniers. Le soixante-sixième fut destiné à occuper Cascaès; la légion du Midi, Saint-Julien; le vingt-sixième, Belem, Bon-Succès et Ericeyra; le quinzième de ligne, Lisbonne et les magasins à poudre près de Sacavem; un bataillon de dépôt de douze cents hommes, pris sur toute l'armée, forma la garnison du château de Lisbonne. Le commandement de cette grande ville et de toute la défense du Tage, fut confié au général de division Travot qui eut sous ses ordres le général de brigade Avril, commandant du château, le général

Fresier et le maréchal de camp portugais Novion, chef de cette légion de police dont il ne restait plus qu'un débris d'état-major.

Déja, pendant que ces dispositions recevaient leur accomplissement, les Français et les Anglais étaient aux prises. A la première nouvelle du débarquement, le général en chef avait chargé le plus ancien des divisionnaires de l'armée, le général Delaborde, d'aller à l'ennemi, d'étudier ses mouvemens, de manœuvrer pour ralentir sa marche, afin que les troupes du général Loison et les réserves de Lisbonne eussent le temps de se mettre en ligne. Delaborde partit de Lisbonne le 6 août, amenant avec lui le soixante-dixième régiment, formant la brigade du général Brenier, deux escadrons du vingt-sixième régiment de chasseurs à cheval et cinq pièces. Le général Thomières, qui occupait Obidos et Peniche avec le deuxième d'infanterie légère et le bataillon du quatrième régiment suisse, fut mis sous ses ordres. Le colonel Vincent, commandant le génie de l'armée, suivit la colonne avec plusieurs officiers de son arme, pour reconnaître le pays où l'armée pourrait avoir à combattre.

Le point de Batalha avait été indiqué comme le meilleur à tenir pour observer l'armée anglaise, parce que c'est là que se réunissent les deux communications principales de Lisbonne à Leiria, savoir : la route royale qui passe par Alcoentre, Rio-Maior et Candieros, et le chemin plus rapproché de la mer qui passe par Torres-Vedras, Obidos et Alcobaça. Le général Delaborde avec la brigade Brenier suivit la route royale, tandis que la brigade Thomières marchait à hauteur sur l'autre chemin. Le 11 août, son avant-garde arriva à Batalha. Le corps du général Loison vint le même jour coucher à Thomar.

Un faible corps de troupes n'eût pas été en sûreté près de l'abbaye de Batalha, dans un pays boisé où l'on ne voit pas ce qui se passe devant soi, et où l'on est cependant abordable par tous les points. Le général Delaborde établit sa division à Alcobaça. Le 12, sachant que les armées anglaise et portugaise étaient réunies à Leiria, à une marche de son camp, il se replia sur Obidos, d'où il renvoya le quatrième suisse tenir garnison à Peniche. Il prit le 14 position de combat au village de Roliça qui est à une lieue en arrière, laissant un bataillon d'avant-garde auprès d'un moulin, à la gauche de l'Arnoya, et détachant trois compagnies du soixante-dixième à Bombarral, Cadaval et Segura, pour lier ses opérations avec celles du général Loison qui devait être le 14, ou au plus tard le 15, à Alcoentre.

Les Anglais marchaient, mais ils marchaient seuls; l'apparition du général Loison à Thomar effraya les Portugais. Ils crurent voir l'ennemi arrivant à Coïmbre. Bernardin Freire décida qu'il ne bougerait pas de Leiria, tant qu'il y aurait des Français de l'autre côté de la Serra de Minde. Sir Arthur Wellesley fut promptement consolé d'être débarrassé d'alliés exigeans et de peu de ressource. Il leur demanda quatorze cents hommes d'infanterie et deux cent soixante de cavalerie qu'il incorpora dans son armée. Avec ce renfort, il suivit la route la plus rapprochée de la mer pour continuer à recevoir les vivres de la flotte. Adoptant les mœurs militaires de l'ennemi qu'il allait combattre, il laissa à Leiria ses bagages et même ses tentes. L'armée bivouaqua le 13 à Calvaria, le 14 à Alcobaça, le 15 à Caldas. Quatre compagnies de Riflemen, du soixantième régiment allemand, envoyées à Obidos pour couvrir l'armée, arrivèrent jusqu'au moulin où était postée l'avant-garde française. Cette avant-garde les rejeta avec perte dans Obidos, et revint ensuite elle-même à la tête du village de Roliça.

Le général anglais ne fit pas de mouvement le 16, bien qu'il dût croire que les troupes du général Loison se joindraient à celles du général Delaborde ce jour-là, ou au moins le jour suivant.

Il y a trois lieues de Caldas à Roliça ; ce sont les deux extrémités nord et sud d'un vaste bassin ouvert également à l'ouest, au milieu duquel se trouve Obidos avec son aqueduc et son château des Maures. En-deçà d'Obidos, par rapport à Lisbonne, le chemin traverse une plaine sablonneuse et couverte d'arbrisseaux jusqu'à Roliça. Là, se détache des montagnes de l'est, une chaîne de collines délimitée par des cours d'eau, et prolongée vers Colombeira. On dirait que la communication avec le pays en arrière est barrée, parce que le grand chemin disparaît aux yeux vers un défilé étroit et tortueux, qui s'étend jusqu'à Azambugeira-dos-Carros. La faible division du général Delaborde tenait la plaine depuis Roliça jusqu'en avant de Colombeira. Le 17, à neuf heures du matin, on entendit des coups de fusil vers les avant-postes de la droite. L'armée anglaise débouchait.

Elle était partie à la pointe du jour de son camp de Caldas, formée en six colonnes, savoir :

la brigade portugaise détachée à la droite pour tourner au loin, par le sud de Colombeira, la gauche des Français; quatre colonnes du centre dont une en réserve, commandée par le brigadier-général Crawfurd, et les trois autres, sous les ordres des généraux Hill, Nightingale et Fane, marchaient parallèlement vers la position des Français, précédées par la cavalerie et protégées par deux batteries, chacune de six pièces de canon; enfin, une forte colonne de gauche, composée de deux brigades, d'une batterie d'artillerie et d'un escadron de cavalerie, à la tête de laquelle le général Ferguson se dirigea en partant d'Obidos, de manière à déborder la droite de l'ennemi, et au besoin combattre le général Loison, dont on savait que le corps était en marche.

Les Anglais étaient quinze mille et de la plus belle apparence. Ils marchaient lentement, mais avec ordre, réparant sans cesse le morcellement causé par les obstacles du terrain, et convergeant vers l'étroite position des

Français. Il y avait dans ce spectacle de quoi frapper les imaginations de jeunes soldats qui, jusqu'alors, n'avaient eu affaire qu'à des bandes fuyardes d'insurgés. Ils n'étaient pas deux mille cinq cents, y compris les trois compagnies détachées sur la droite. Les compagnies de grenadiers et de voltigeurs n'appuyaient pas les flancs des bataillons, ayant été pour la plupart organisées en régiment d'élite. La force de ce corps résidait en entier dans l'habileté des chefs, et surtout dans l'attitude calme et énergique du général, vieux guerrier, aimé des soldats, et prompt à leur communiquer sa force et sa confiance. Dès que l'ennemi fut engagé dans la plaine, Delaborde jugea qu'en s'opiniâtrant à défendre Roliça, on n'aurait plus le temps de s'asseoir sur la forte position, en arrière de Columbeira. Il y envoya le soixante-dixième ; et lui-même se retira avec le deuxième léger, l'artillerie et la cavalerie, à l'entrée du défilé.

Ce mouvement s'exécuta avec légèreté et

précision. Pour arriver à la nouvelle position des Français qui n'était abordable que par cinq ravines à pente raide, garnies de myrthes, d'arbrisseaux et de cistes, sir Arthur Wellesley forma cinq attaques. La plus vigoureuse, ayant en tête de colonne le vingt-neuvième régiment d'infanterie de la brigade Nightingale, gravit à force de courage et en s'aidant des arbrisseaux, et le régiment commençait à se former sur la crête. Le général de brigade Brenier le charge à la tête du premier bataillon du soixante-dixième français. Le neuvième anglais, de la brigade Hill, vient au secours du vingt-neuvième ; le colonel Lake qui commande l'attaque est tué. Les deux régimens sont culbutés. Il y eut même quelques instans pendant lesquels le vingt-neuvième mit bas les armes, désespérant de pouvoir s'échapper.

Le général Brenier fit déposter, avec le même succès, le cinquième régiment anglais qui attaquait du côté de Columbeira. La brigade Fane, composée du soixantième et du quatre-vingt-quinzième, essaya de monter près du grand chemin. Le général Delaborde à la tête du deuxième léger la repoussa; et quoique blessé dès le commencecement de l'action, ainsi que son chef d'état-major, l'adjudant commandant Arnaux, et le major Merlier, du premier léger provisoire, il continua d'en imposer à l'ennemi, et d'animer ses troupes par sa présence.

Les attaques immédiates des Anglais étaient partout repoussées. Mais on combattait depuis quatre heures. Les Français avaient perdu un quart de leur monde, tous tués ou blessés, car ils ne laissèrent pas un prisonnier entre les mains de l'ennemi, et, au contraire, ils lui en firent plus de cent dont plusieurs officiers. Les colonnes, tournant par la droite et par la gauche, accomplissaient leur mouvement. Celle que commandait le général-major Ferguson pouvait arriver avant peu de temps à Azambugeira-dos-Carros. La retraite alors fut décidée. Elle s'exécuta avec une audacieuse régularité qui, non moins que ce qui s'était passé, excita le respect de l'ennemi. Trois fois le général Delaborde attaqua les Anglais avec une moitié de ses forces, pendant que l'autre moitié gagnait du terrain en arrière. Le vingt-sixième régiment de chasseurs à cheval présentait la charge à chaque instant, sans que la cavalerie portugaise osât se commettre, et plusieurs fois il repoussa les tirailleurs anglais sur leurs masses forcées de s'arrêter. Le major Weiss, commandant du régiment, fut blessé à mort dans un de ces engagemens. Le feu de dix-huit bouches à feu anglaises de calibre supérieur, ne put éteindre le feu de cinq petites pièces françaises, dont une seule resta en arrière engagée dans le défilé. Sir Arthur Wellesley suivit les Français jusqu'à Cazal de Sprega. Le général Delaborde s'arrêta à Quinta de Maravigliata, pour y attendre les trois compagnies qui, ayant été détachées le 16 sur la droite, ne prirent aucune part à l'action. Dès qu'elles l'eurent joint, il se retira à Runa, sur le Sizandro, à hauteur de Torres-Vedras. N'y recevant aucune nouvelle, ni du général Loison, ni du général en chef, il continua sa retraite le lendemain, et prit poste à Cabeça de Montachique, point culminant de la presqu'île où Lisbonne est située.

Après le combat de Roliça, sir Arthur Wellesley pouvait marcher au-devant du général Loison qui arrivait par Rio-Maior et Acoentre, l'acculer au Tage, en l'écrasant de la supériorité de ses forces, et atteindre le but de l'expédition, sans courir les chances d'une bataille à forces égales. Il préféra suivre la trace du général Delaborde. Après avoir passé la nuit du 17 à Villa-Verde, il marchait le 18 au matin sur le chemin de Torres-Vedras, lorsqu'on annonça que les bâtimens qui amenaient d'Angleterre les brigades des généraux Anstruther et Acland étaient en vue de la côte. La belle résistance du général Delaborde fit apprécier à sir Arthur Wellesley l'opportunité de ce renfort. Il conduisit ses troupes au-devant d'eux par le chemin de Lourinhao. Le 19, il prit position à Vimeiro, de manière à couvrir le débarquement qui devait s'effectuer à une lieue de-là, dans la baie formée par l'embouchure du ruisseau de Maceira.

Voila dix-neuf jours que les Anglais ont commencé à débarquer, et ils n'ont encore eu à combattre qu'une avant-garde française. Le général Loison, dont le mouvement sur Thomar avait paralysé l'armée portugaise de Bernardin Freire, au lieu de se porter sur Leiria ou sur Alcobaça, était venu le 13 à Santarem, en passant par Torres-Novas. Comme ses bataillons, accablés de chaleur et de fatigue, avaient moitié de leur monde en arrière, il y passa les journées du 14 et du 15, ce qui fut cause que le général Delaborde combattit seul à Roliça. Le général Loison laissa à Santarem la légion hanovrienne qui eût été mieux placée à Abrantès, où était un hôpital français sans protection. Le 16, pressé par des ordres réitérés et impérieux, il vint à Alcoentre; le 17, le général en chef le joignit près de Cercal.

Car le général en chef aussi s'était mis en campagne. Il venait de quitter Lisbonne pour la première fois depuis qu'il y était entré, et il lui en avait coûté beaucoup, non qu'il hésitât devant la nécessité de se mesurer avec les Anglais; au contraire, il était décidé à les combattre. Mais une idée fixe dominait et modifiait ses déterminations. Il croyait fermement, et c'était aussi l'avis des Français et des Portugais composant son gouvernement, que la tranquillité de Lisbonne tenait à sa présence, et qu'aussitôt qu'il se serait éloigné, l'insurrection y éclaterait en même temps que l'escadre anglaise forcerait l'entrée du Tage. Aussi cette combinaison de guerre lui paraissait devoir être la meilleure, qui offrirait les moyens de combattre l'ennemi assez loin de la capitale pour qu'on n'y entendît pas son canon, assez près pour pouvoir y rentrer moins de quarante-huit heures après la bataille.

Le 15 août, les membres du gouvernement, les chefs du clergé et de la justice, les officiers supérieurs de l'armée furent réunis pour célébrer l'anniversaire de la naissance de l'Empereur. Le général en chef leur recommanda la tranquillité de Lisbonne, et la nuit même il partit à la tête de ce qui restait de troupes disponibles, savoir : un régiment de grenadiers, le bataillon du quatre-vingt-deuxième, le troisième régiment provisoire de dragons; une batterie de dix pièces de canon, que suivait un approvisionnement de munitions de guerre pour toute l'armée, et des fourgons portant les bagages et le trésor.

Ce corps de troupes fut retardé au passage de Sacavem, où on avait négligé d'établir un pont sur la rivière. Il s'arrêta à Villa-Franca da Xira. Le 17 au matin, comme on était déjà en marche pour continuer la route, arrivent de Lisbonne des Portugais, qui disent que l'escadre anglaise est entrée dans le Tage. Aussitôt les troupes de retourner sur leurs pas. Ce n'était qu'une fausse nouvelle; elles continuent leur marche. Le duc d'Abrantès en laisse la conduite au général Thiébault, son chef d'état-major, et il va se mettre à la tête du corps du général Loison, qu'il rencontre près d'Alcoentre, s'acheminant lentement et tardivement dans la direction de Cercal.

Cependant on entendait parfaitement, à quatre lieues de distance, le canon de Roliça. Les paysans disaient que l'armée anglaise seule était engagée avec les troupes du général Delaborde. Le duc d'Abrantès conclut de ces rapports que, tandis que sir Arthur Wellesley marcherait sur Lisbonne par le chemin de Torres-Vedras, l'armée portugaise dont on exagérait la force, s'y rendrait par la grande route de Rio-Maior et Alcoentre. Il résolut de combattre les Anglais avec toutes ses forces réunies, et de revenir ensuite avec les mêmes forces contre les Portugais. C'était la manière de Napoléon. Le géneral en chef écrivait au général Thiébault de Cercal, le 17 à sept heures du soir : « Je rassemble mon armée à Torres-Vedras. Nous livrons bataille aux Anglais : hâtez-vous si vous voulez être de la partie. »

Il était difficile de se hâter beaucoup avec une si lourde colonne d'équipages, depuis, surtout, qu'ayant quitté la route royale au-dessus de Villa-Franca da Xira, elle était entrée dans les chemins à pic et étroits, qui coupent transversalement les contreforts de Monte-Junto. Elle arriva très-tard le 17, à la Mot-o-Otta.

Le 18, le corps du général Loison se porta à Torres-Vedras. La réserve se traînait lentement par Cercal, Pedromunes et Romabhal. Elle tenait plusieurs lieues de la tête à la queue, et le moindre parti ennemi qui se serait présenté, eût détruit presque sans coup férir les attelages de l'artillerie, du trésor et des vivres. Elle n'arriva que le 20 à Torres-Vedras. La division Delaborde y était revenue le 19, de Cabeza de Montachique. Ainsi toute la force disponible se trouvait réunie.

On vit alors quel impôt pour une armée, que l'occupation d'un pays ennemi. D'après l'état de situation, il y avait, au 15 juillet, vingt-six mille Français en Portugal; et le 20 août, on ne trouva pas dix mille sabres ou baïonnettes à présenter sur le champ de bataille. Les marches du mois de juillet avaient fait perdre, ou avaient relégué dans les hôpitaux, près de trois mille hommes. On en avait laissé cinq mille six cents pour occuper Almeida, Elvas, Palmela, Peniche et Santarem. Deux mille quatre cents hommes étaient à Lisbonne, mille sur la flotte pour garder les vaisseaux et pour contenir les prisonniers espagnols; trois mille étaient répartis dans les forts, sur les deux rives du Tage. Le duc d'Abrantès, s'apercevant trop tard qu'il avait gardé trop de places de guerre, et laissé trop de monde à l'embouchure du Tage, envoya, de Torres-Vedras, l'ordre au général Travot de faire partir pour l'armée le bataillon du soixante-sixième, et quatre compagnies d'élite des autres bataillons. En attendant qu'ils arrivassent, il n'y avait guère à Torres-Vedras, y compris les non combattans, que onze mille cinq cents hommes. On en forma deux divisions d'infanterie, une réserve de grenadiers et une division de cavalerie.

La première division, commandée par le général Delaborde, fut composée des deuxième et quatrième légers et soixante-dixième de ligne, formant la brigade Brenier; du quatre-vingt-sixième et de deux compagnies du quatrième suisse, formant la brigade Thomières (en tout trois mille deux cents hommes d'infanterie).

La seconde divison, commandée par le général Loison, fut composée des douzième et quinzième légers et cinquante-huitième de ligne, formant la brigade Solignac; des trente-deuxième et quatre-vingt-deuxième, formant la brigade Charlaud (en tout deux mille sept cents hommes d'infanterie).

La réserve, commandée par le général de division Kellermann, fut composée de quatre bataillons de grenadiers, deux régimens, forts ensemble de deux mille cent hommes.

La division de cavalerie, commandée par le général de brigade Margaron, fut composée du vingt-sixième de chasseurs à cheval, et des troisième, quatrième et cinquième régimens provisoires de dragons, en tout douze cents che-vaux, chaque régiment ayant deux escadrons.

L'artillerie, commandée par le général de brigade Taviel, consistait en vingt-six bouches à feu qui furent réparties, savoir : huit pièces dans la première division, sous les ordres du colonel Prost; huit dans la deuxième division, sous les ordres du colonel d'Aboville; dix dans la réserve, sous les ordres du colonel Foy.

Les Anglais étaient deux contre un par rapport aux Français. Les cinq cents hommes tués, blessés ou pris à Roliça, étaient remplacés, et bien au-delà, par le renfort de quatre mille deux cents hommes amenés par les brigadiers-généraux Anstruther et Acland, renfort qui entra en ligne dans la journée du 20, et pendant la nuit suivante. De plus, la station des îles Berlengues venait de signaler le convoi de la mer Baltique, qui portait les onze mille hommes de sir John Moore. Avant qu'ils débarquassent, l'armée se trouvait alors composée, non compris le détachement portuguais, de vingt-trois régimens d'infanterie (dix-sept mille hommes) répartis dans huit brigades. N'ayant pas fait de marches forcées, elle n'avait ni malades ni traîneurs. Son artillerie attelée était de vingt-quatre bouches, dont une batterie du calibre de 9. Elle n'était inférieure à l'armée française que dans la cavalerie qui consistait en deux cents chevaux du vingtième dragons légers et en deux cent soixante chevaux de Portugais.

Sans avoir égard au rassemblement de Torres-Vedras, le général anglais se disposait à marcher par le chemin étroit et rocailleux de Mafra, qui court l'espace de six lieues parallèlement à une côte escarpée, et forme une suite de défilés dans lesquels l'armée, allongée sur une seule colonne, eût été sans cesse attaquable en queue et de flanc, tandis qu'en aucun endroit on n'aurait pu se former en bataille. Mais, en supposant que les Français restassent spectateurs inactifs de cette marche aventureuse, sir Arthur Wellesley arriverait quelques heures plus tôt à Lisbonne, et le général Moore n'aurait plus qu'à se porter rapidement sur Santarem, pour couper aux Français leur retraite sur l'Espagne. La première partie de ce plan s'exécutait. Les ordres étaient donnés aux troupes pour partir le 21, à cinq heures du matin, lorsque le lieutenant-général sir Harry Burrard, désigné pour commander en second les forces britanniques dans la Péninsule, arriva dans la rade de Maceira, amenant avec lui les chefs des deux services de l'état-major, savoir le général Clinton, adjudant-général, et le colonel Murray, quartier-maître général. Sir Arthur Wellesley alla à bord conférer avec son général. Ni l'un ni l'autre n'avaient des notions exactes, ni sur la force de l'armée française, ni sur les difficultés du pays. Les récits qui étaient faits à sir Harry Burrard du combat de Roliça, lui faisaient appréhender une énergique résistance. Sir John Moore arrivait dans la baie du Mondego, pourquoi ne pas l'attendre!.. Le succès de l'expédition sera plus assuré, si on l'entreprend avec onze mille hommes de plus et surtout avec une cavalerie plus nombreuse. Le général Burrard envoya à sir John Moore, l'ordre de venir débarquer à Maceira, et prescrivit à sir Arthur Wellesley de demeurer dans sa position de Vimeiro.

Les positions fortes ne manquent pas dans les pays saccadés et montagneux, où la culture n'a pas arrondi les formes tranchantes du terrain. Vimeiro en offre une de cette nature, et elle était redoutable par la masse des troupes que les Anglais y avaient agglomérées. Le village est situé dans le vallon où coule la Maceira. Vers le nord se détache une chaîne de hautes collines, sur le sommet de laquelle est pratiqué le chemin qui va par les hameaux de Fontanel et de Ventoza au bourg de Lourinhao; cette chaîne est bordée à l'est par un large et profond ravin au fond duquel est situé le village de Toledo. Au sud-est de Vimeiro et attenant aux maisons du village, s'élève un plateau en partie boisé, en partie découvert, qui domine toutes les avenues du côté de Torres-Vedras. Ce plateau est dominé lui-même en arrière et à l'ouest de Vimeiro par un massif de montagnes remplissant l'espace entre la rive gauche de la Maceira et le rivage de la mer.

Sur ce massif bivouaquaient six brigades de l'armée anglaise commandées par les généraux Hill, Crawfurd, Acland, Nightingale et Ferguson, ayant leurs avant-postes sur le chemin de Mafra. Les deux autres brigades, Anstruther et Fane, étaient placées sur le plateau de la rive droite de la Maceira. L'artillerie était répartie dans les deux positions. On avait laissé la cavalerie dans le vallon, pour la commodité de l'eau. Le chemin de Lourinhao était observé par les Portugais et par quelques compagnies de Riflemen.

Cette position n'avait pas été reconnue par les Français. Les détachemens de leur cavalerie qui s'en étaient le plus approchés, rapportaient seulement que les Anglais étaient tous réunis autour de Vimeiro, et qu'on y avait vu distinctement pendant la nuit trois lignes de feu. Mais le duc d'Abrantès ne pouvait pas hésiter. La situation de Lisbonne, abandonnée à une si faible garnison, lui donnait de vives inquiétudes. L'armée des Portugais était éloignée. Les Anglais, en gagnant du temps, ne pouvaient que se renforcer. Il fallait donc qu'il les atteignît, où qu'ils fussent et combien qu'ils fussent.

Le 20 vers le soir, le général français porta sa cavalerie et le gros de son infanterie à l'embranchement des chemins de Lourinhao et Vimeiro, au-delà d'un défilé long et difficile qui est à une lieue de Torres-Vedras. Le reste de l'infanterie et l'artillerie franchirent le défilé pendant la nuit. Le 21 à sept heures du matin, l'armée française était rassemblée à une lieue et demie des avants-postes de l'ennemi, mais hors de sa vue et sans qu'il se fût aperçu du mouvement.

Du point de rassemblement jusqu'au plateau de Vimeiro, que le relief du terrain empêchait d'apercevoir, s'étendait une lande de sables et de rochers de trois à quatre cents toises de développement, s'abaissant en pente raide, d'un côté vers le ravin de Toledo, de l'autre vers le cours du Rio-Maceira. L'armée française s'ébranla dans la direction du plateau, la cavalerie en tête, et chaque division d'infanterie marchant en colonne, avec ses deux brigades de front et l'artillerie dans l'intervalle. On envoya sur la droite le troisième régiment de dragons provisoire, commandé par le major Contans. Il passe rapidement le grand ravin aux environs de Toledo, et se déploie près d'un moulin à vent de Fontanel, sur les sommités du chemin de Vimeiro à Lourinhao. Cette manœuvre est vue du camp anglais. Le général Wellesley, qui d'avance a regardé sa gauche comme la partie faible de la position, est persuadé que l'attaque va venir par-là. Il détache aussitôt de ce côté, la brigade du général major Ferguson, avec trois pièces d'artillerie que suit immédiatement, en seconde ligne, la brigade de Nightingale avec deux autres pièces, et qu'appuyera plus à gauche, du côté de la mer, la brigade Crawfurd et l'infanterie portugaise. Ce mouvement des Anglais vers leur gauche provoque, de la part des Français, et comme par instinct, un mouvement parallèle. La brigade de droite de la première division, aux ordres du général Brenier, va, comme étant la plus à portée, au secours du troisième régiment de dragons.

Bientôt après, le duc d'Abrantès juge que ce n'est pas assez de troupes sur ce point, et la première brigade de la deuxième division aux ordres de Solignac, qui suivait le général Brenier dans l'ordre de colonne, la suit aussi dans le mouvement par la droite. Six pièces d'artillerie de la seconde division s'y portent. Le général anglais s'est confirmé de plus en plus dans le projet qu'il suppose à ceux qu'il attaque. Il envoie les brigades Bowes et Acland se former en colonne au-dessus de Vimeiro, pour servir de réserve au détachement du général-major Ferguson.

Il arriva ainsi que, lorsque les premiers coups de fusil des tirailleurs s'étaient à peine fait entendre, il ne resta plus sur la haute montagne, occupée tout à l'heure par six brigades anglaises, que trois régimens d'infanterie destinés à servir, sous les ordres du général-major Hill, de réserve à toute l'armée. Le plateau de Vimeiro resta garni par les six régimens des brigades Fane et Anstruther, et par dix-huit bouches à feu. Près de la moitié de l'armée agit sur le chemin de Lourinhao, en opposition au tiers environ de l'armée française; mais il y avait cette différence dans les positions respectives, que le mouvement des Français, sur leur droite, s'était fait d'une manière fortuite, était séparé par un long espace de terrain de la colonne principale, tandis que les Anglais étaient serrés concentriquement, et que les cinq régimens commandés par les brigadiers Bowes et Acland, étaient disposés de manière à appuyer à la fois le mouvement du général Ferguson et la défense de Vimeiro.

La principale colonne française suivait toujours sa direction première. La position de Vimeiro se présentait formidable, parce que, entre les lignes d'infanterie disposées en amphithéâtre et hérissées d'artillerie, qui garnissaient le plateau, la brigade du général-major Hill se montrait encore par derrière, comme une troisième ligne dominant les deux autres. Cet aspect imposant n'arrêta pas le général Delaborde qui, abordant l'ennemi à la tête du quatre-vingt-sixième régiment de la brigade Thomières, avec un feu très-vif d'artillerie et de tirailleurs, fit croiser la baïonnette contre le cinquantième régiment anglais. Peu d'instans après, les généraux Loison et Charlaud engagèrent les bataillons du trente-deuxième et du quatre-vingt-deuxième, contre le quatre-vingt-dix-septième anglais, que secoururent le quarante-troisième et le cinquante-deuxième. Dans cette attaque, l'adjudant-commandant Pillet et le général Charlaud furent blessés. Le chef de bataillon Peytavy, du quatre-vingt-deuxième, tomba percé de coups. L'armée britannique n'avait pour retraite qu'une côte à pic, bordée par une mer houleuse, et cependant sir Arthur Wellesley n'éprouva pas le moindre frémissement d'inquiétude. La position était forte : les troupes y étaient assises avec discernement et maniées avec habileté. Surtout elles étaient nombreuses, et les colonnes attaquantes manquaient de profondeur.

La réserve des grenadiers du général Kellermann s'était déployée à deux portées de canon de Vimeiro, et le duc d'Abrantès s'y tenait, partageant son attention entre l'attaque du général Delaborde et son détachement de la droite. Lorsqu'il vit que les brigades de gauche ne parvenaient pas à emporter le plateau, il y envoya le deuxième régiment de grenadiers. Ce brave corps commandé par le colonel Saint-Clair marcha en colonne, par peloton, le long de la crête boisée, coupée en pente rapide à droite vers le ravin où passe le chemin de Vimeiro à Toledo. Alors avait échoué l'attaque des brigades Thomières et Charlaud, et tous les efforts des Anglais étaient dirigés vers les grenadiers. Dix-huit pièces de canon tiraient à la fois, et leurs boulets creux emportaient de leur premier jet les files d'un peloton, pour éclater ensuite comme obus dans le peloton suivant. L'artillerie de la première division et de la réserve répondait faiblement à ce feu, forcée qu'elle était de toujours se mouvoir, pour ne pas gêner la marche des grenadiers. Malgré cette infériorité d'appui et les pertes qu'il éprouvait, le régiment de grenadiers arriva jusqu'à cinquante toises de la sommité du plateau. Au moment de se déployer, la colonne fut assaillie par le feu convergent de mousqueterie des six régimens anglais. Presque tous les chevaux qui traînaient les pièces et les caissons furent tués. Les colonels d'artillerie Prost et Foy furent blessés. Les deux premiers pelotons de grenadiers disparurent comme effacés; le régiment ne put pas se former en avant en bataille, et obliquant à droite malgré la volonté et l'exemple des chefs, il s'éboula dans le ravin.

Le général Kellermann suivait avec le premier régiment de grenadiers que commandait le colonel Marancin; il entra dans le ravin marchant droit à la brigade du général Acland. Ce mouvement rapide vers le centre des Anglais leur causa de l'étonnement; craignant pour le village de Vimeiro, ils se hâtent de garnir d'infanterie le cimetière. La colonne du général Acland descend sur le premier régiment de grenadiers, et le prend en flanc; alors même le deuxième régiment était enfoncé; la cavalerie anglaise consistant en quatre cents chevaux du vingtième de dragons légers et des Portugais, charge ses débris, fait plusieurs prisonniers, parmi lesquels le chef de bataillon Palamède de Forbin, s'empare des pièces de canon démontées ou qui ne pouvaient se retirer n'étant plus attelées, et arrive jusqu'au duc d'Abrantès sur l'emplacement d'où la réserve était partie. Mais la cavalerie française du général Margaron, que masquait un petit bois, paraît; la garde du général en chef, le vingt-sixième de chasseurs à cheval, conduit par le chef d'escadron prince de Salm-Salm, et le quatrième et le cinquième dragons, commandés par les majors Leclerc et Théron, chargent à leur tour. Les Anglais et Portugais sont ramenés, enfoncés; ils éprouvent une perte considérable, et le colonel Taylor, leur chef, est abattu par une balle qui le frappe au cœur.

Un autre combat se livrait presque dans le même temps sur le chemin de Vimeiro à Lourinhao. La brigade Solignac, qui, quoique détachée la dernière vers la droite, avait gravi la première (après avoir traversé Toledo) la montagne opposée, arrivait près de Fontanel, et n'était pas encore déployée, lorsque le général major Ferguson arrive sur elle avec quatre régimens, et, soutenu par le général Nightingale, l'attaque par des feux de bataillons et marche ensuite dessus. Le général Solignac est blessé grièvement, trois pièces de canon sont prises d'abord et trois autres ensuite, des officiers et des soldats en grand nombre sont tués ou blessés. Les troupes sont refoulées dans le vallon de Toledo.

Mais la brigade du général Brenier se déployait alors en arrière et à droite de la brigade Solignac, vers la montée de Ventosa, dissimulée aux Anglais par le relief du terrain. Elle exécuta un changement de front à gauche.

Le trentième se porte en avant et tombe à l'improviste sur le soixante-onzième et le quatre-vingt-deuxième régimens anglais qui avaient fait halte dans un bas-fond. Les pièces sont reprises. Mais les Anglais, profitant de leur énorme supériorité numérique, reviennent à la charge de front avec six régimens d'infanterie, tandis que la brigade Crawfurd arrive sur la gauche, et commence un feu de tirailleurs qui déborde la ligne française. L'artillerie des Anglais fait un feu très-vif. On se mêle et le général est blessé et fait prisonnier. En vain le troisième régiment de dragons essaie plusieurs charges, que contrarie l'aspérité du terrain et dans lesquelles sont tués plusieurs braves officiers, et parmi eux le jeune Arrighi, allié par le sang à la famille Bonaparte. Les quatre faibles bataillons français reculent dans le ravin. Cette brigade et celle du général Solignac n'avaient plus de chefs. Le général Thiébault, chef de l'état-major-général, court en prendre le commandement. Il rallie les troupes et les ramène lentement et par échelons à la position en arrière de Toledo.

Le général de division Kellermann s'était dégagé aussi de l'action à la tête du premier régiment de grenadiers qui marchait calme et serré, et auquel les débris du second se réunirent. La division de cavalerie s'était arrêtée dans sa poursuite. Elle présentait deux lignes de bataille à six cents toises des positions de l'ennemi, masquant le ralliement des troupes d'infanterie. Il était midi. Le feu ne durait que depuis deux heures et demie, et cependant tous les corps de l'armée, tous les soldats avaient combattu, même cette garde volontaire à cheval formée par les négocians français de Lisbonne. Les Français avaient perdu près de dix-huit cents hommes tués, blessés ou pris : perte énorme eu égard à leur petit nombre et en comparaison de celle des Anglais qui ne montait qu'à huit cents hommes ; les Anglais n'avaient perdu qu'un seul officier supérieur : leur artillerie était intacte. Leur réserve d'infanterie n'avait pas donné. Sur toute leur ligne retentissait le son des clairons. Il semblait qu'à la suite du vingtième de dragons légers et pour réparer son échec, allaient descendre les masses d'infanterie. Il n'en fut pas ainsi. Sir Arthur Wellesley avait défendu aux troupes de quitter leurs positions sans son ordre. Pas un bataillon ne bougea, même les tirailleurs cessèrent le feu et restèrent comme s'ils eussent été vaincus.

C'ÉTAIT sir Arthur Wellesley qui commandait la bataille. Le lieutenant-général sir Harry Burrard était bien arrivé sur le terrain pendant l'attaque du plateau de Vimeiro ; mais il avait laissé à son camarade moins ancien, le soin de mener à fin une action heureusement commencée. Celui-ci laissa échapper l'instant précis où il eût pu poursuivre ou écraser son ennemi. L'armée française se remit promptement en attitude de combat. Vers deux heures après midi arrivèrent de Lisbonne un bataillon du soixante-sixième et les compagnies d'élite de la légion hanovrienne et de la légion du Midi. Ce renfort compensait en partie les pertes de la journée. Quelques pièces de canon démontées lors de l'attaque du plateau, gisaient sur le terrain, comme pour inviter ceux qui en étaient les plus rapprochés à venir les prendre. Mais les Anglais résistèrent à la tentation. Ils n'étaient pas désireux de changer un avantage défensif bien caractérisé en une bataille dont le succès leur paraissait incertain. L'armée française, lasse de les attendre, repassa le défilé vers le soir et rentra à Torres-Vedras.

Le 22 août au matin, le duc d'Abrantès rassembla à Torres-Vedras en conseil de guerre, les généraux de division Delaborde, Loison et Kellermann, le général de brigade Thiébault chef de l'état-major général, le général de brigade Taviel commandant l'artillerie, le colonel Vincent commandant le génie, et le commissaire ordonnateur en chef Trousset. Il leur exposa la situation de l'armée. Elle avait combattu la veille pour remplir un honorable devoir, bien plus que par l'espoir de vaincre. On savait, par les prisonniers, que l'armée anglaise allait recevoir des renforts qui la porteraient au double de son nombre actuel. D'autres rapports annonçaient que l'armée portugaise de Bernardin Freire était arrivée depuis deux jours à Obidos, que le corps de Bacellar descendait le long du Tage, que déjà les paysans de la Beira, conduits par des moines de Monsanto, étaient entrés dans Abrantès et y avaient égorgé plusieurs soldats malades, et que le corrégidor mor Pepin de Bellisle avait péri traîtreusement assassiné. Les nouvelles de Lisbonne étaient alarmantes.

Dans ces circonstances désastreuses, l'armée doit-elle tenter encore une fois le sort des armes? Si elle le doit, comment? si elle ne le peut, quel parti prendre?

Les opinions furent unanimes sur les trois questions : assez avait été fait pour l'honneur des armes! Les troupes étaient désormais hors d'état de tenir campagne. Devant tant d'ennemis, livrer une bataille, ce serait conduire encore les soldats à la boucherie. Il n'y avait pas à Lisbonne ni dans les autres parties du royaume, de points forts, disposés et approvisionnés de manière à y attendre les secours qui devaient arriver de France dans un avenir incertain et tardif. Force était d'évacuer le Portugal.

Mais la trouée à faire à travers la Péninsule pour rejoindre les armées françaises sur l'Ebre serait, en cas qu'elle réussît, longue et sanglante. Pourquoi n'essaierait-on pas de traiter avec les Anglais sur cette base, qu'en échange de Lisbonne et des places qu'on leur remettrait, ils ramèneraient l'armée française en France sur leurs vaisseaux? Cette proposition était raisonnable; elle n'avait rien de contraire à l'honneur militaire, puisque Lisbonne qu'il s'agissait de rendre ne pouvait plus nous défendre, et que l'armée était dans la situation d'une garnison qui capitule les brèches ouvertes et après avoir reçu deux assauts. Cependant elle blessa d'abord des hommes qui n'étaient pas accoutumés à avoir cette sorte de rapports avec leurs ennemis. Mais elle fut adoptée par tous. Quand on réfléchit qu'outre les chances malheureuses qu'on éviterait par une négociation, on y trouverait encore l'avantage de stipuler des conditions utiles à la conservation de la flotte des Russes nos alliés et à la protection des individus portugais qui s'étaient associés à la cause politique, et restaient dans le pays, ces deux dernières considérations concilièrent tous les avis. Le général de division Kellermann partit aussitôt pour le quartier-général anglais, et l'armée se mit en marche pour couvrir Lisbonne.

Le choix du négociateur indiquait l'issue qu'on voulait donner à la négociation. Kellermann portait un nom européen, à cause de la vieille gloire de son père, le vainqueur de Valmy, et parce que lui-même, conduisant la cavalerie à Marengo, avait déterminé, par une charge brillante, le sort de cette immortelle journée. L'assurance de l'homme de guerre était unie, chez lui, à la finesse observatrice du diplomate. Lorsqu'il arriva aux avant-postes anglais, accompagné d'un interprète et d'un trompette, tout fut en émoi; les gardes tirèrent des coups de fusil et les régimens se hâtèrent de se ranger en bataille. Ce mouvement involontaire de surprise et d'alarme, lui fit entrevoir qu'on n'avait pas dans l'armée anglaise la confiance et la sécurité de la victoire. Ce n'était pas sir Harry Burrard qui commandait l'armée, le général en chef définitif, sir Hew Dalrymple, venait de débarquer. Il ne sut pas dissimuler la satisfaction qu'il éprouvait de voir les Français lui proposer un accommodement; ne connaissant la situation ni de l'armée, ni du pays, il chargea sir Arthur Wellesley d'entrer en conférence avec le général Kellermann. Celui-ci avait recueilli habilement, dans la conversation, des phrases coupées qui mieux que le parlage affecté, exprimaient la pensée et les craintes des officiers et des chefs. « Les » troupes de sir John Moore n'étaient pas » près d'arriver. Il était incertain qu'un corps » d'armée si considérable pût être débarqué » sur une côte si mauvaise..... Le gros temps » nous empêche de communiquer avec nos » transports. Pour peu que cela dure, nous » mourrons de faim..... Et les Portugais que » font-ils? Il n'y a rien à en attendre. »

Le général Kellermann se prévalut de ces indiscrétions, pour faire sonner haut les ressources et l'énergie des Français, et surtout l'efficacité du secours qu'ils pouvaient tirer des équipages de la flotte des Russes, leurs alliés. Après quelques heures de discussion, il parvint à conclure un arrangement préliminaire avec armistice, dont les principales conditions furent :

Que l'armée française évacuerait le Portugal, et qu'elle serait transportée par mer en

France avec son artillerie, ses armes et ses bagages.

Que les Portugais, les Français établis en Portugal, ne seraient pas inquiétés pour leur conduite politique, et que ceux qui le voudraient, pourraient se retirer du pays dans un terme fixé avec ce qui leur appartenait.

Que la flotte russe resterait dans le port de Lisbonne, comme dans un port neutre, et que, lorsqu'elle en voudrait sortir, elle ne serait poursuivie qu'après les délais fixés par les lois maritimes.

Ces trois conditions devaient servir de base à une convention définitive, à régler par les généraux en chef des deux armées et l'amiral de la flotte britannique, jusqu'à la conclusion de laquelle il devait y avoir suspension d'armes; la Sizandro formant la ligne de démarcation entre les deux camps, et les Portugais armés ne pouvant dépasser Leiria et Thomar. Ce ne serait qu'après s'être prévenu quarante-huit heures d'avance, que les hostilités pourraient recommencer entre les armées de sa majesté britannique et celles de sa majesté impériale et royale. Le négociateur français eut le soin d'insérer dans l'acte, les qualifications de son souverain, précisément parce que le cabinet de Saint-James ne reconnaissait pas officiellement l'empereur Napoléon. Le général Kellermann rejoignit l'armée française le 23 au matin, à Cabeza de Montachique, et le même jour le général en chef rentra dans Lisbonne à la tête des grenadiers et de deux régimens de cavalerie.

Il était temps. L'effroi était parmi les membres et les employés du gouvernement, et surtout dans le grand nombre des Portugais qui s'étaient associés à la cause des Français. Quelques-uns se tenaient cachés, d'autres avaient cherché un refuge sur la flotte. Les ministres s'assemblaient dans l'arsenal de la Fundicao, grand édifice au bord de la mer. La garnison du château s'y était rendue pour faire la police de la ville. Les vaisseaux de guerre étaient embossés près du rivage, de manière à couler à fond d'un côté, au premier signal de révolte, les navires chargés de prisonniers, et à balayer de l'autre côté les quais de Lisbonne et les rues aboutissantes à la mer.

Ces précautions étaient motivées, car une population de deux cent mille ames bouillonnait de haine et d'espérance. Le 20 on apprit le combat de Roliça, et les habitans se répandirent sur le Rocio, sur la place du Commerce et dans tout le quartier bas, commençant à pousser des cris de rage contre les Français. Ce ne furent ni les bombes du château, ni les boulets de la flotte, qui dispersèrent ce rassemblement tumultueux. Il suffit pour cela d'un homme de bien : le général Travot arriva. Les Portugais honoraient et chérissaient Travot, parce qu'il n'avait été employé dans aucune expédition contre les insurgés, et parce que dans son commandement d'Oeyras, au lieu de peser sur le pays, on l'avait vu assistant les malheureux de sa bourse et de ses conseils. En cette circonstance, il ne craignit pas de se commettre au milieu des groupes populaires, accompagné du général de brigade Fresier et de quelques officiers. Il parla, pressa, conjura. La sérénité de son visage fit impression sur la multitude, et chacun retourna paisible dans sa maison.

Mais le danger restait imminent. Le général Travot crut devoir appeler d'Almada à Lisbonne le bataillon du trente-unième léger, bien que Setubal fût occupé et tout le pays inondé par les paysans insurgés de la rive gauche du Tage. Survint alors la nouvelle de l'action de Vimeiro, annoncée par les soins de l'intendant-général de police comme une victoire, en même temps que d'autres renseignemens parlaient d'une défaite. Le 23, sur la rumeur que les troupes arrivaient, plus d'un habitant de Lisbonne alla au-devant d'elles au Campo-Grande, incertains si c'étaient des Anglais ou des Français qu'ils allaient voir.

Cependant l'arrangement de Vimeiro n'était

que provisoire. L'amiral Cotton refusa d'admettre la neutralité du port de Lisbonne pour les Russes. Depuis huit mois qu'il tenait leur escadre bloquée, il n'avait pas manqué de consulter son gouvernement sur la conduite à tenir envers elle, pour tous les cas qui se présenteraient. On lui prescrivit de retenir les vaisseaux et d'envoyer les équipages en Russie. Telles étaient les instructions de l'amirauté de Londres avant même qu'une armée eût débarqué et eût été victorieuse en Portugal.

Ce premier obstacle à la conclusion d'une convention définitive, en fit naître d'autres qu'on n'avait pas prévus. Au lieu des conférences annoncées entre le général en chef français et les commandans des forces britanniques de terre et de mer, la négociation se fit à Lisbonne par le général Kellermann et par le lieutenant-colonel Murray, quartier-maître général de l'armée anglaise. Les difficultés survinrent coup sur coup. A plusieurs reprises les négociations furent sur le point d'être rompues. Le général anglais dénonça, le 28 août, la rupture de l'armistice et la marche de son armée vers Lisbonne. Les Portugais, commandés par Bernardin Freire, se portèrent à l'Incarnation, près de Mafra. On donna l'ordre au corps portugais de Bacellar de partir de Santarem avec des bateaux, et d'essayer de surprendre la légion hanovrienne à Sacavem. Le comte de Castro-Marim partait d'Evora avec six mille hommes réunis des armées dites des Algarves et de l'Alemtejo, et descendait vers le Tage. Le colonel Lopez bloquait Palmela, et occupait Setubal avec des bandes de paysans qui signalèrent leur férocité, en égorgeant l'aide-de-camp français Marlier, envoyé par le général Graindorge en parlementaire vers eux. En même temps arrivait de Cadix à l'embouchure du Tage, le général Béresford avec le quarante-deuxième régiment d'infanterie. Les onze mille hommes de sir John Moore achevaient leur débarquement à Maceira, et l'amiral Cotton pressait sir Hew Dalrymple de détacher une partie de ce corps à Setubal, pour se joindre aux Portugais de l'Alemtejo, et couper aux Français leur retraite sur la place d'Elvas.

Le caractère de Junot fut plus grand encore que le danger de sa position. Il dit aux Russes : « Vous avez six mille cinq cents » hommes de troupes et d'équipages ; il ne » vous en faut que mille pour le service de » vos vaisseaux à l'ancre. Formez-en six gros » bataillons ; avec ce renfort j'attendrai, ou » des secours de France, ou la saison des coups » de vent, ou une convention qui sauvera mon » armée et votre escadre. » Il dit aux Anglais : « Reprenez votre traité, je n'en ai pas besoin ; » je défendrai pied à pied les rues de Lisbonne ; je brûlerai ce que je suis obligé de » vous abandonner, et vous verrez ce qu'il » vous en coûtera pour avoir le reste. »

Ainsi il eût fait. Siniavin aima mieux traiter isolément avec les Anglais, et leur livrer ses vaisseaux, que de courir avec les Français des chances de gloire et de salut. La question russe étant écartée, ce fut un grand pas de fait vers une convention définitive. Elle ne pouvait être que le développement des conditions clairement stipulées dans l'arrangement de Vimeiro, et cet arrangement était protégé dans l'armée par la popularité militaire du général Wellesley qui l'avait signé. On parvint à s'entendre sur quelques modifications motivées par la rareté et la difficulté des transports. On réduisait à six cents le nombre des chevaux d'artillerie et de cavalerie que l'armée pouvait emmener avec elle. Il fut aussi décidé que les négocians français établis à Lisbonne ne pourraient emporter leur fortune dans les marchandises qui la représentaient. D'ailleurs, toutes les stipulations favorables aux Français et aux Portugais qui avaient embrassé leur cause, furent conservées, et même augmentées dans la convention définitive d'évacuation qui fut arrêtée le 30 août, connue sous le nom de Cintra, parce que le quartier-général de l'armée anglaise était à Cintra, lorsque sir Hew Dalrymple y apposa sa signature pour la ratifier [1].

Le nom et l'autorité du prince régent de Portugal et de la Junte suprême qui gouvernait pendant son absence, ne furent pas mentionnés dans la convention de Cintra. On ne songea à réclamer ni les matelots, ni les soldats, ni les députés portugais retenus en France. Les généraux anglais se dispensèrent de consulter pour traiter ceux qui ne les avaient pas aidés pour combattre. Tout fut réglé sans la participation des Portugais. Ceux-ci réclamèrent. Bernardin Freire et le comte de Castro-Marim protestèrent contre plusieurs décisions de la convention, et spécialement contre la disposition qui, au mépris de la souverai-

[1] *Voyez* à la fin du volume (B).

neté du prince régent, promettait impunité et sûreté aux partisans des Français quels qu'ils fussent. Il y eut de la part des habitans de Lisbonne des récriminations et des murmures parce qu'ils supposaient que l'armée française allait emporter avec elle les trésors du pays. Les murmures et les récriminations se perdirent dans la bruyante allégresse que leur causait la délivrance du pays.

L'impression produite en Angleterre, par le même événement, fut plus profonde; on y était ivre des succès des Espagnols, et on ne doutait pas que l'armée de Junot n'éprouvât au moins le même sort que l'armée de Dupont. La convention de Cintra fut accueillie avec des signes d'indignation et de douleur dont il n'y avait pas eu d'exemple, même pour la convention de Closter-Severn pendant la guerre de sept ans, et plus récemment pour les capitulations du Helder et de Buenos-Ayres. Les journalistes encadrèrent leurs feuilles dans des bandes noires en signe de deuil public, et l'on vit abonder des caricatures où trois potences étaient élevées pour les trois généraux qui s'étaient succédé dans le commandement en chef. Le conseil commun de la cité de Londres s'assembla constitutionnellement et porta ses plaintes au pied du trône, contre un acte qu'on qualifiait de honteux pour l'Angleterre et injurieux pour les Anglais. D'autres associations politiques, dans les trois royaumes, firent entendre le même langage. Le gouvernement fut obligé, par l'éclat de l'opinion publique, de soumettre la convention de Cintra à une enquête solennelle.

Cette même opinion publique, sous l'influence d'une constitution représentative, n'eût pas permis à des ministres responsables de violer la parole donnée et écrite. La convention fut exécutée avec loyauté en ce qui dépendait de l'autorité anglaise. Les troupes françaises ne purent être embarquées tout de suite, parce que les bâtimens de transport qui devaient les conduire en France, les mêmes qui avaient amené les troupes britanniques en Portugal, n'avaient pas leur approvisionnement prêt. Les quinze jours que les Français passèrent encore à Lisbonne, ne furent pas les moins difficiles depuis l'occupation du Portugal. Les insurgés portugais y arrivaient en foule, bariolés de plumets et de rubans, portant au bras autant d'écharpes qu'ils disaient avoir tué d'ennemis, et leur chapeau orné de la devise chérie : *Meurent les Français*. On n'entendait dans les rues que pétards, coups de fusils, coups de pistolet et cris de mort. L'armée française campait sur les places et sur les hauteurs avec des batteries dirigées sur les rues principales. Bien que sa discipline en imposât, à chaque instant des patrouilles étaient attaquées et des soldats étaient assassinés. Cet état dura jusqu'à la moitié du mois de septembre, époque où toutes les troupes furent embarquées et où les transports mirent à la voile.

Les garnisons d'Elvas et d'Almeida n'arrivèrent pas à temps pour s'embarquer avec l'armée. Quand on apprit à Badajoz la convention de Cintra, les Espagnols jugèrent l'occasion favorable pour s'emparer d'Elvas. Le général Gallezo, commandant l'armée d'Estramadure, somma la place à plusieurs reprises. Elle était commandée par un officier ferme et vigilant, le chef de bataillon du génie Girod de Novilars, qui rejeta les sommations avec dédain.

Le 7 septembre, six mille hommes arrivèrent devant Elvas avec un train nombreux d'artillerie de bataille, commandés par le maréchal de camp don Antonio d'Ar... Le 9, ils approchèrent des ouvrages, envoyèrent de nombreux tirailleurs le long des chemins couverts qu'une garnison, forte seulement de quatorze cents hommes, ne pouvait occuper, et complétèrent l'investissement. Le commandant évacua la ville dont l'armement avait été ruiné long-temps d'avance. Il laissa une compagnie dans le fort de Sainte-Lucie, et il s'enferma avec le reste de sa garnison dans le fort la Lippe qui commande Elvas et le pays. Les

Espagnols recommencèrent alors à faire des sommations, et, comme elles n'eurent pas plus de succès qu'auparavant, ils se mirent à tirer des coups de canon du haut de la Serra de Maleffe. Un régiment anglais arriva, le 20 septembre, sur ces entrefaites, pour que la place lui fût remise. Le commandant Girod de Novilars partit emmenant avec lui non-seulement la garnison d'Elvas, mais encore les officiers et les fonctionnaires français détenus depuis quatre mois à Badajoz, et qui furent rendus en conséquence d'un arrangement particulier conclu à Lisbonne sous l'intervention anglaise, par les soins du général Kellermann. La garnison d'Elvas s'embarqua le 7 octobre à Aldea Gallega, en face de Lisbonne.

Lorsque le corps de Bacellar descendit dans la Basse-Beira, il amena avec lui toutes les troupes de ligne et la plus grande partie des milices. Il ne resta devant Almeida que le second régiment de milices de Guarda. Cette troupe était postée dans le village de Junca à une lieue de la place. Une partie de la garnison sortit le 15 août, jour de la fête de l'empereur Napoléon, surprit les miliciens, en tua plusieurs, mit les autres en fuite, leur enleva leurs drapeaux, leurs magasins et les fusils qu'ils venaient de recevoir de Ciudad-Rodrigo. Après cette déroute, les Portugais se contentèrent d'observer Almeida de loin, et de venir insulter les hommes isolés appartenant aux faibles détachemens qui sortaient de la place. Un moine guerrier, le frère José de la Mère de Dieu, empoisonna avec un mélange de noix vomique de Trevisco et de chaux, quelques fontaines près du glacis où les soldats venaient quelquefois se désaltérer, et une mare qui servait à abreuver les moutons et les bœufs destinés à la subsistance de la troupe.

Dans les premiers jours d'octobre, Almeida fut remise aux Anglais, en exécution de la convention de Cintra. La garnison fut conduite à Oporto, pour y être embarquée. La présence de quatorze cents Français armés fournit à la populace de cette ville l'occasion d'une émeute plus turbulente encore que ne le furent les premières scènes de la restauration portugaise. Plus de quinze mille habitans de la ville et de la campagne se précipitèrent sur les malheureux soldats qui ne purent se défendre, même à l'aide des deux cents Anglais qui les escortaient. Ils n'eurent que le temps de chercher un refuge sur les bâtimens anglais, dans la rivière. Les assaillans montèrent sur des barques et entourèrent les bâtimens, essayant de les enlever à l'abordage. Les Français n'avaient pour se défendre que soixante cartouches par homme. L'évêque et les magistrats intervinrent. Mais leur influence eût été insuffisante, sans la présence de sir Robert Wilson, colonel d'un corps portugais de nouvelle levée, appelé la Légion Lusitanienne, qui s'organisait à Oporto aux frais de l'Angleterre. Cet ennemi généreux parvint, au péril de sa vie, à arracher les malheureux

Français à la fureur du peuple. Mais il ne put leur sauver que la vie. La garnison d'Almeida fut conduite par mer, désarmée et dépouillée, devant Lisbonne, où elle rejoignit, le 18 octobre, la garnison d'Elvas et une portion du quatre-vingt-sixième régiment, qui avait été séparé du convoi par la tempête et forcé de rentrer dans le Tage.

Alors débarquait, sur les côtes de France, l'armée qui avait porté le nom d'armée de Portugal. Le duc d'Abrantès aborda à La Rochelle, et trois mille hommes avec ou après lui. Le reste de l'armée fut dirigé sur Quiberon, d'après des ordres du gouvernement anglais reçus pendant la traversée. Quiberon et Lorient étaient les points les plus éloignés de l'Espagne, où les Français pussent être déposés aux termes de la convention de Cintra. On choisit Quiberon, comme offrant plus de difficultés pour le débarquement et moins de ressources

L'Emp. nap. avait envoyé en portugal 29,000 hommes, savoir 25 mille avec le [illegible] l'expedition et 4000 qui rejoignirent ensuite [illegible] venant des hopitaux et des depots. [illegible] les [illegible], 1500 [illegible] 3000 [illegible] furent. 3000 [illegible] fatigués [illegible] sur la route de Bayonne à Lisbonne [illegible] dans les marches pendant l'été [illegible] 1808, sont assassinés violemment par les paysans portugais, sont de mort naturelle dans les hopitaux. 2000 [illegible] tombés sur le champ de bataille ou [illegible] été faits prisonniers en differentes rencontres. Deux mille furent embarqués qui n'arrivèrent pas, [illegible] qu'ils périrent en mer avec les batimens qui les [illegible], les autres c'était des Suisses, pour qu'ils désertèrent à l'armée Anglaise. Il rentra vingt deux mille hommes en France. ils étaient partis conscrits et novices; ils revinrent justement et aguerris et ils [illegible] prirent rang dans les grosses colonnes de l'armée qui traversaient la France pour aller [illegible] de la campagne.

pour le ravitaillement des troupes, afin de retarder d'autant leur rentrée dans la Péninsule.

L'empereur Napoléon avait envoyé en Portugal vingt-neuf mille hommes, savoir : vingt-cinq mille avec le général Junot, et quatre mille qui rejoignirent ensuite les régimens, venant des hôpitaux et des dépôts. Trois mille périrent, soit de fatigue sur la route de Bayonne à Lisbonne et dans les marches pendant l'été brûlant de 1808, soit assassinés isolément par les paysans portugais, soit de mort naturelle dans les hôpitaux. Deux mille tombèrent sur le champ de bataille ou furent faits prisonniers en différentes rencontres. Deux mille furent embarqués qui n'arrivèrent pas, les uns parce qu'ils périrent en mer avec les bâtimens qu'ils montaient, les autres, c'était des Suisses, parce qu'ils désertèrent à l'armée anglaise. Il rentra vingt-deux mille hommes en France. Ils étaient partis conscrits et novices; ils revinrent instruits et aguerris, et ils prirent rang dans les colonnes de la grande armée qui traversaient la France, pour aller dans la Péninsule espagnole réparer les malheurs de la campagne.

PIÈCES JUSTIFICATIVES

DES

LIVRES VIII ET IX.

PIÈCES JUSTIFICATIVES.

(A) *Proclamation du général Junot.*

Le gouverneur de Paris, premier aide-de-camp de S. M. l'Empereur et Roi, général en chef.

Portugais,

Après six mois de tranquillité, vous vous trouvez exposés à voir troubler la paix du royaume par l'effervescence toujours croissante des troupes espagnoles, qui ne sont entrées dans votre pays que pour le démembrer. Quand je déclarai le 1er février, au nom de l'Empereur, que je prenais possession du gouvernement du Portugal entier, les Espagnols ont commencé à être en mésintelligence avec moi. Les événemens d'Espagne, l'insurrection de quelques provinces, ont engagé différens corps de troupes espagnoles à déserter. Dès lors ont commencé les provocations et les voies de fait avec mes soldats. Comptant sur le bon esprit des habitans de Porto, je n'avais laissé dans cette province que quelques Espagnols, et j'avais envoyé pour y commander un général de division et quelques officiers destinés au service des places. Ce général, le corrégidor Mor, un colonel d'artillerie et quelques autres officiers civils et militaires, ont été enlevés par Ballesta. Ce général infâme a souffert que ses soldats les insultassent. Il est parti du Portugal, avec les troupes qu'on lui avait confiées pour défendre ce pays : il n'y rentrera plus. Le même esprit qui a dirigé le mouvement de Porto, s'est communiqué aux troupes espagnoles cantonnées à Lisbonne, Setubal et environs. La tranquillité allait être troublée, j'allais être réduit à me défendre contre des troupes qui faisaient partie de mon armée; je les ai désarmées. Que les Espagnols établis en Portugal ne craignent pas les représailles des horreurs commises à Badajoz, Ciudad-Rodrigo, contre quelques malheureux Français établis là depuis cinquante ans. Portugais, je suis satisfait de votre bon esprit;... continuez à avoir confiance en moi. Je vous donne ma parole de préserver votre pays de toute invasion, de tout démembrement. Si les Anglais viennent, nous vous défendrons. Quelques-uns de vos bataillons de milice, et les régimens qui restent en Portugal, feront partie de mon armée pour défendre vos frontières; ils s'instruiront dans l'art de la guerre, et si je suis assez heureux pour pouvoir mettre en pratique les leçons que j'ai reçues de Napoléon, je vous apprendrai à vaincre.

Donné au palais du quartier-général à Lisbonne, le 11 juin 1808.

Signé, JUNOT.

Proclamation du général Junot.

Le gouverneur de Paris, premier aide-de-camp de S. M. l'Empereur et Roi, général en chef.

SOLDATS,

La conduite infâme du général espagnol Ballesta à Porto, la révolte des régimens de chasseurs de Valence et du régiment de Murcie, enfin l'emprisonnement de plusieurs de mes officiers à Rodrigo et Badajoz, et l'impossibilité où étaient les officiers espagnols de maintenir leurs troupes, m'ont déterminé à les désarmer. Le désarmement s'est fait sans effusion de sang. Nous ne sommes pas les ennemis des soldats espagnols que nous avons désarmés. La nécessité a pu seule me contraindre à une mesure que mon cœur repoussait. Ils conserveront leurs drapeaux, et les officiers leurs épées; ils recevront la solde, les vivres, comme auparavant. Je les verrai du même œil qu'auparavant. Soldats, vous avez fait votre devoir. Si les Anglais se présentent, ils nous trouveront prêts à les combattre.

Donné au palais du quartier-général à Lisbonne, le 11 juin 1808.

Signé, JUNOT.

(B) *Convention entre l'armée française et anglaise, pour l'évacuation du Portugal.*

Les généraux en chef des armées anglaises et françaises en Portugal, ayant déterminé, conformément aux dispositions de la suspension d'armes du 22 août, de négocier et conclure un traité d'évacuation de ce royaume par l'armée française, ont fait choix pour traiter en leur nom; savoir :

M. le duc d'Abrantès, général en chef de l'armée française, de M. le général de division Kellermann.

Sir Hew Dalrymple, général en chef de l'armée

anglaise, de M. le colonel Murray, quartier-maître-général; auxquels ils ont donné pouvoir de, pour eux et en leur nom, négocier et conclure, sous leur ratification réciproque et celle de M. l'amiral commandant la flotte britannique à l'entrée du Tage, une convention définitive à cet effet.

Lesquels, général et colonel, après avoir échangé leurs pleins-pouvoirs, sont convenus des articles ci-après :

Article premier. Les places et forts, occupés par l'armée française dans le royaume de Portugal, seront remis à l'armée anglaise dans l'état où ils se trouveront au moment de la signature de la présente convention.

Art. II. L'armée française se retirera avec armes et bagages; elle ne sera point prisonnière de guerre, et, rendue en France, elle sera libre de combattre.

Art. III. Le gouvernement anglais lui fournira des transports, pour être embarquée et conduite dans un des ports de l'ouest, entre Rochefort et Lorient inclusivement.

Art. IV. L'armée française emportera toute l'artillerie du calibre français attelée, et les caissons garnis de soixante coups par pièce. Tout autre artillerie, armes ou munitions de guerre, ainsi que les arsenaux de terre et de mer, seront remis à l'armée anglaise, dans l'état où ils se trouveront au moment de la ratification.

Art. V. L'armée française emportera tout son matériel, et tout ce qui s'appelle propriété d'armée; c'est-à-dire, son trésor, ses caissons d'équipage et d'ambulance. On vendra à son profit tout ce que le général en chef ne jugera pas à propos d'embarquer. Il en sera de même des particuliers, qui auront toute liberté de disposer de leurs propriétés quelconques comme bon leur semblera, avec toute sûreté par la suite pour les acquéreurs.

Art. VI. La cavalerie embarquera ses chevaux, ainsi que les officiers généraux et autres de tout rang. Mais, attendu que les moyens de transports de ce genre à la disposition des commandans anglais sont très-limités, il pourra en être frêté additionnellement dans le port de Lisbonne. Le nombre de chevaux de troupes à embarquer n'excèdera pas six cents, celui des chevaux d'état-major ou d'officiers n'excèdera pas deux cents. Il sera, d'ailleurs, accordé à l'armée toute facilité pour disposer des chevaux qui ne seraient pas embarqués.

Art. VII. Pour la facilité de l'embarquement, il aura lieu en trois divisions, dont la dernière sera particulièrement composée des garnisons des places, de la cavalerie, de l'artillerie, des malades, des équipages. La première division s'embarquera dans sept jours à dater de l'échange des ratifications, et même plus tôt si faire se peut.

Art. VIII. Les garnisons d'Elvas et ses forts, de Peniche et Palmela, seront embarquées à Lisbonne; celle d'Almeida à Oporto, ou au port le plus voisin. Elles seront accompagnées, dans leur marche, par des commissaires anglais, chargés d'assurer leurs vivres, leurs logemens, etc., etc.

Art. IX. Tous les malades et les blessés qui ne pourront pas être embarqués avec l'armée, seront confiés à l'armée anglaise, et, pendant leur séjour dans ce pays, soignés aux frais du gouvernement anglais, sous la condition que ses dépenses lui seront remboursées à l'évacuation finale. Ils seront successivement renvoyés en France par convoi de cent cinquante à deux cents hommes, et il sera laissé un nombre suffisant de médecins et de chirurgiens français pour les soigner.

Art. X. Du moment que les transports auront débarqué les troupes dans les ports de France convenus, ou dans tous autres ports de France où le mauvais temps les forcerait de relâcher et d'aborder, il leur sera accordé toutes les facilités pour retourner en Angleterre sans délai, sans pouvoir être inquiétés par aucun bâtiment de guerre dans leur retour.

Art. XI. L'armée française se concentrera à Lisbonne, et dans un rayon de deux lieues environ de circonférence de cette capitale. L'armée anglaise pourra en approcher à trois lieues, de manière qu'il y ait une lieue d'intervalle entre les deux armées.

Art. XII. Les forts Saint-Julien, Bugio et Cascaës, seront occupés par les troupes anglaises après l'échange des ratifications. La ville de Lisbonne, le château, les forts et batteries, jusqu'au Lazareth ou Trafaria d'une part, et jusqu'au fort Saint-Joseph de l'autre inclusivement; le port, ainsi que tous les bâtimens armés de tout genre qui s'y trouvent, avec leur gréement et munitions, seront remis à l'embarquement de la seconde division.

La remise des forts d'Elvas, Almeida, Peniche, Palmela, aura lieu dès que les garnisons en seront relevées par les troupes anglaises. En attendant, M. le général en chef de l'armée anglaise les préviendra, ainsi que les troupes quelconques qui sont en leur présence, de cette convention, afin d'arrêter toutes hostilités ultérieures.

Art. XIII. Il sera nommé de part et d'autre des

commissaires, pour régler et arrêter tous les détails d'exécution.

Art XIV. S'il y avait quelque article douteux, il serait expliqué en faveur de l'armée française.

Art. XV. A dater de la ratification de la présente convention, tous arrérages de contributions, réquisitions ou prétentions du gouvernement français par suite de l'occupation de ce royaume, le 1er. décembre 1807, sur des sujets du Portugal, ou tous autres individus y résidant qui n'ont point été acquittés, ne seront point perçus, et tout séquestre apposé sur leurs propriétés mobiliaires et immobiliaires sera levé, et la libre disposition remise aux propriétaires.

Art. XVI. Tous les sujets français, ou des puissances amies et alliées de la France, domiciliés dans le royaume de Portugal, ou s'y trouvant occasionellement, seront protégés, leurs propriétés de toute nature, mobiliaires et immobiliaires, respectées. Il leur sera libre de suivre l'armée française, ou de continuer de rester en Portugal; et, dans l'un et l'autre cas, leursdites propriétés leur seront garanties, avec la faculté de les conserver ou de les vendre, et d'en faire passer le produit en France ou dans tel lieu qu'ils auront choisi pour leur domicile, et ce, dans le délai d'un an. Bien entendu que les bâtimens marchands sont exceptés de cette disposition, mais seulement quant à leur sortie du port, et que les stipulations ci-dessus ne pourront pas servir de prétexte à des spéculations commerciales.

Art. XVII. Nul Portugais ne pourra être recherché pour la conduite politique qu'il aura tenue pendant l'occupation du Portugal par l'armée française; et tous ceux qui ont continué à exercer des emplois, ou qui en ont reçu du gouvernement français, sont mis sous la sauvegarde spéciale de l'armée anglaise, qui s'engage à ce qu'il ne leur soit porté le moindre préjudice, par qui que ce soit, dans leurs personnes ou dans leurs biens. Ces individus n'ayant pu se dispenser d'obéir aux ordres du gouvernement français, ils jouiront au surplus des dispositions de l'art. XVI.

Art. XVIII. Les troupes espagnoles, détenues à bord des vaisseaux en rade, seront emmenées en France, ou remises à M. le général en chef de l'armée anglaise, à son choix, lequel, dans ce dernier cas, s'engagera à obtenir des Espagnols la remise en liberté de tous Français, civils ou militaires, détenus en Espagne sans avoir été pris dans les combats ou par suite de combats, mais en conséquence des événemens des 29 mai dernier et jours suivans.

Art. XIX. Les prisonniers de tout grade, faits par

les deux armées depuis l'ouverture des hostilités, seront échangés de suite.

Art. XX. Il sera fourni des otages de grade inférieur de la part des armées anglaises de terre et de mer, et de la part des armées françaises, pour la garantie réciproque de cette convention. Celui de l'armée de terre anglaise sera rendu après l'exécution des articles qui la regardent; celui de l'armée navale après le débarquement total des troupes dans les ports de France. Il en sera de même pour l'armée française.

Art. XXI. Le général en chef de l'armée française aura la faculté d'envoyer un officier en France, pour y porter une expédition du traité. L'escadre anglaise lui fournira un aviso ou autre bâtiment léger, pour le débarquer à Rochefort ou à Bordeaux.

Art. XXII. M. l'amiral anglais sera invité de fournir des vaisseaux de guerre ou frégates, pour le transport de S. Exc. le général en chef de l'armée française, et des officiers généraux supérieurs et premières autorités de l'armée.

Fait et arrêté double entre nous soussignés, munis de pouvoirs. A Lisbonne, le 30 août 1808.

Le général de division,
KELLERMANN.
GEORGES MURRAY,
Quartier-maître-général.

Ratifié les articles ci-dessus de la convention, le 31 août 1808.

Hew Dalrymple,

Commandant en chef les forces anglaises en Portugal.

Articles additionnels à la convention du 30 août 1808.

Article premier. Les non-combattans de l'armée, pris, soit par les troupes anglaises, soit par les troupes portugaises, dans toute l'étendue du Portugal, seront rendus sans échange, ainsi qu'il est d'usage.

Art. II. L'armée vivra de ses magasins jusqu'au jour de l'embarquement, et les garnisons jusqu'au jour de la remise des places. Le reste des magasins sera délivré dans les formes accoutumées à l'armée anglaise, qui, dès ce moment, se charge de la subsistance des hommes et des chevaux jusqu'à leur débarquement en France, à la condition d'être remboursée, par le gouvernement français, de la dépense qui excéderait l'estimation qui sera faite contradictoirement des susdits magasins. L'approvisionnement des bâtimens armés sera prise en compte par l'armée anglaise, de même que celui des places de guerre, ainsi qu'il est statué pour les susdites places.

Art. III. Aussitôt après l'échange des ratifications, M. le général en chef de l'armée anglaise fera toutes les dispositions nécessaires pour rétablir la libre circulation des subsistances nécessaires à la capitale.

Fait et arrêté double entre nous soussignés, munis de pouvoirs. A Lisbonne, le 30 août 1808.

Le général de division,
KELLERMANN.

GEORGES MURRAY,
Quartier-maître-général.

Ratifié les articles additionnels ci-dessus de la convention, le 31 août 1808.

HEW DALRYMPLE,
Commandant les forces anglaises en Portugal.

FIN DU QUATRIÈME ET DERNIER VOLUME.

ÉTAT

DES ARMÉES FRANÇAISES DANS LA PÉNINSULE ESPAGNOLE

AU 1er JANVIER 1808 (a).

S. A. I. le Prince MURAT, Grand-Duc de Berg, Lieutenant-Général de l'Empereur,

Commandant en chef les Armées Françaises.

BELLIARD, général de division, chef d'état-major.
LARIBOISSIÈRE, *idem*, commandant en chef l'artillerie.
LERY, *idem*, commandant en chef le génie.
AUBRÉE, général de brigade, commandant à Madrid.
GODINOT, *idem*, commandant le Retiro.
MOUTON, général de division, disponible (*b*).
HABERT, général de brigade, *idem*.
FRANCESCHI, général de brigade, disponible.
LEVASSEUR, *idem*, *idem*.
AUGEREAU, *idem*, *idem*.
RENÉ, *idem*, *idem*.

Premier corps d'observation de la Gironde (c).

JUNOT, GÉNÉRAL EN CHEF.

…, général de brigade, chef d'état-major.
… *id.*, commandant l'artillerie.
…, colonel, commandant le génie.
…, général de division, gouverneur de Porto.
…, général de brigade, commandant à Cascaës.

Première Division.

…, général de division.

…x de brigade. . . | AVRIL. BRENIER.

…gne	3e bat.	1,033 h.
. . . .	2e *id.*	1,210 (*d*).
. . . .	1er *id.*	
. . . .	2e *id.*	2,299
. . . .	1er *id.*	
. . . .	2e *id.*	2,116
. . . .	1er *id.*	1,790
TOTAL.	7 bat.	7,908 h.

Deuxième Division.

… général de division.

… de brigade. . . | CHARLOT. THOMIÈRES.

…provisoire.	2e léger.	3e bat.	1,255 h.
	4e *id.*	3e *id.*	1,196
id.	12e *id.*	3e *id.*	1,302
	15e *id.*	3e *id.*	1,314
id.	32e ligne.	3e *id.*	1,265
	58e *id.*	3e *id.*	1,391
. . . .		2e *id.*	763
TOTAL.		7 bat.	8,481 h.

Troisième Division.

… général de division.

… de brigade. . . | GRAINDORGE. FUSIER.

. . . .	3e bat.	653 h.
. . . .	3e *id.*	983
…s	3e *id.*	517
. . . .	3e *id.*	
. . . .	4e *id.*	1,004
. . . .	3e *id.*	861
…du Midi	1er *id.*	797
…nsvienne.	1er *id.*	703
TOTAL.	7 bat.	6,588 h.

Division de Cavalerie.

…, général de division.

… de brigade. . . | MARGARON. MAURIN.

…s.	26e chas.	4e esc.	244 h.	165 ch.
	1er drag.	4e *id.*	264	153
	3e *id.*	4e *id.*	236	153
	4e *id.*	4e *id.*	262	180
	5e *id.*	4e *id.*	249	175
	9e *id.*	4e *id.*	257	203
	15e *id.*	4e *id.*	253	169
TOTAL.		7 esc.	1,754 h.	1,178 ch.

Artillerie et Génie (e).

	h.	ch.
…es des 1er, 3e et 6e ré… d'artillerie et ouvriers …rie.	619	
…tillerie de l'entreprise	375	313
…n des équipages mili…	303	280
TOTAL.	1,297 h.	593 ch.

…u premier corps d'ob…on de la Gironde. . . .	21 bat. formant 24,978 h.	7 esc. 1,771 ch.

Deuxième corps d'observation de la Gironde.

DUPONT, GÉNÉRAL EN CHEF.

LEGENDRE, général de brigade, chef d'état-major.
FAULTRIER, *id.*, commandant l'artillerie.
DABADIE, *id.*, *id.* le génie.
ROUYER, général de division, disponible.
SCHRAMM, général de brigade, *id.*
LAPLANNE, *id.*, *id.*
CAVROIS, *id.*, *id.*
LIGER-BELAIR, *id.*, *id.*
LAGRANGE, *id.*, *id.*
BOUSSARD, *id.*, *id.*

Première Division.

BARBOU, général de division.

Généraux de brigade. . . | PANNETIER. CHABERT.

Garde de Paris. . .	1er rég.	2e bat.	707 h.
	2e *id.*	2e *id.*	747
3e légion de réserve (*f*). . . .		1er *id.* 2e *id.*	2,067
4e légion de réserve.		1er *id.* 2e *id.* 3e *id.*	3,084
Marins de la garde.		1er *id.*	532
4e régiment suisse.		2e *id.*	709
TOTAL.		9 bat.	7,836 h.

Deuxième Division.

VEDEL, général de division.

Généraux de brigade. . . | POINSOT. CASSAGNE.

5e légion de réserve.	1er bat. 2e *id.* 3e *id.*	2,695 h.
3e régiment suisse.	1er *id.*	1,178
1re légion de réserve.	1er *id.* 2e *id.* 3e *id.*	3,011
TOTAL.	7 bat.	6,884 h.

Troisième Division.

FRÈRE, général de division.

Généraux de brigade. . . | LAVAL. ROSTOLLAND.

15e léger.	3e bat.	1,160 h.
2e régiment suisse.	1er *id.*	1,174
2e légion de réserve.	1er *id.* 2e *id.* 3e *id.*	2,870
TOTAL.	5 bat.	5,204 h.

Division de Cavalerie.

FRESIA, général de division.

Généraux de brigade. . . | RIGAUD. DUPRÈS.

1er rég. prov. de grosse cav. (*g*).	778 h.	729 ch.
2e . . . *id.* . . . . . *id.* . .	681	613
1er . . . *id.* . . . de chasseurs . .	536	501
2e . . . *id.* . . . . . *id.* . . .	662	598
5e . . . *id.* . . . de dragons. . .	623	579
TOTAL. 15 esc.	3,300 h.	3,006 ch.

Artillerie et Génie.

	h.	ch.
Compagnies du 3e régiment d'artillerie à pied et ouvriers d'artillerie.	341	
Compagnies d'artillerie à cheval.	110	119
Train d'artillerie de la garde impériale.	380	702
Train d'artillerie de l'entreprise Jollru.	120	196
Pionniers.	131	
8e bataillon des équipages mil.	122	27
TOTAL.	1,204 h.	1,044 ch.

TOTAL du deuxième corps d'observation de la Gironde. . . .	21 bat. formant 24,428 h.	15 esc. 4,050 ch.

Corps d'observation des côtes de l'Océan.

LE MARÉCHAL MONCEY, GÉNÉRAL EN CHEF.

HARISPE, général de brigade, chef d'état-major.
COUIN, *id.*, commandant l'artillerie.
CAZALS, *id.*, commandant le génie.
Auguste CAULAINCOURT, *id.*, disponible.
RAS, *id.*, *id.*

Première Division.

MUSNIER DE LA CONVERSERIE, général de division.

Généraux de brigade. . . | BRUN. Le prince d'ISEMBOURG.

1er régiment provisoire d'infanterie (*h*). . .	2,088 h.
2e . . . . *id.*	2,183
3e . . . . *id.*	2,118
4e . . . . *id.*	2,232
Bataillon de Westphalie.	1,078
TOTAL. 17 bat.	9,699 h.

Deuxième Division.

GOBERT, général de division.

Généraux de brigade. . . | LEFRANC. DUFOUR.

5e régiment provisoire d'infanterie.	2,095 h.
6e . . . . *id.*	1,881
7e . . . . *id.*	1,872
8e . . . . *id.*	1,921
Bataillon irlandais.	624
TOTAL. 17 bat.	8,393 h.

Troisième Division.

MORLOT, général de division.

Généraux de brigade. . . | DRIEY. LEFEBVRE.

9e régiment provisoire d'infanterie.	2,448 h.
10e . . . . *id.*	2,166
11e . . . . *id.*	2,042
Bataillon de Prusse.	493
TOTAL. 13 bat.	7,149 h.

Division de Cavalerie.

GROUCHY, général de division.

Généraux de brigade. . . | PRIVÉ. WATHIER.

1er rég. provisoire de dragons.	660 h.	688 ch.
2e . . . *id.* . . . . . *id.* . . .	872	822
1er . . . *id.* . . . de hussards.	597	557
2e . . . *id.* . . . . . *id.* . . .	721	681
TOTAL. 12 esc.	2,850 h.	2,648 ch.

Artillerie.

	h.	ch.
Compagnies des 3e et 5e régimens d'artillerie à pied et ouvriers d'artillerie.	326	
Compagnies des 3e et 5e régimens d'artillerie à cheval. . .	250	272
Train d'artillerie de la garde impériale.	274	460
12e bataillon *bis* du train d'artillerie.	324	480
Pionniers.	76	
TOTAL.	1,250 h.	1,212 ch.

TOTAL du corps d'observation des côtes de l'Océan.	47 bat. formant 19,341 h.	12 esc. 3,860 ch.

Corps d'observation des Pyrénées occidentales.

LE MARÉCHAL BESSIÈRES, GÉNÉRAL EN CHEF.

LEFEBVRE-DESNOUETTES, gén. de brig., chef d'ét.-maj.
BOURGEAT, colonel, commandant l'artillerie.
BONNET, général de division.
ROIZE, général de brigade, commandant à Aranda.
BARAGUEY, *id.*, *id.* à Valladolid.
RAGUET, *id.*, *id.* à Burgos.

Première Division.

MERLE, général de division.

Généraux de brigade. . . | DARMAGNAC. GAULOIS.

47e de ligne, 1er bataillon.	1,235 h.
86e *id.*, grenadiers et voltigeurs.	231
3e régiment suisse.	721
1er régiment de marche (*i*).	965
1er régiment supplémentaire des légions de réserve (*k*).	2,096
TOTAL. 8 bat.	5,258 h.

Deuxième Division.

VERDIER, général de division.

Généraux de brigade. . . | SABATHIER. DUCOS.

1er régiment provisoire d'infanterie. . . .	2,120 h.
18e . . . . *id.*	1,628
13e . . . . *id.*	2,185
14e . . . . *id.*	2,295
TOTAL. 15 bat.	8,318 h.

Division de Cavalerie.

LASALLE, général de division.

10e régiment de chasseurs. . . .	469 h.	514 ch.
22e . . . . . *id.*	460	451
3e escadron de marche de cuirassiers.	153	150
TOTAL.	1,082 h.	1,115 ch.

Artillerie et Génie.

	h.	ch.
Compagnies des 1er et 3e régimens d'artillerie à pied et des canonniers gardes-côtes. . . .	191	
6e bat. *bis* du train d'artillerie. .	217	413
TOTAL.	408 h.	413 h.

Garnison de Saint-Sébastien.

THOUVENOT, général de brigade, commandant.

	h.	ch.
2e régiment supplément., 4e bat. 4e bat. des légions de réserve.	890	
Dépôts d'hommes en subsistance.	1,240	
Dépôt de cavalerie.	60	50
Artillerie à pied.	28	
TOTAL.	2,218 h.	50 ch.

Garnison de Pampelune.

D'AGOULT, général de brigade, commandant.

	h.	ch.
15e de ligne, 4e bataillon. . . .	435	
47e *id.*, 3e *id.*	307	
70e *id.*, 3e *id.*	488	
5e escadron de chasseurs.	319	301
Artillerie à pied.	63	
TOTAL. 3 bat. 1 esc.	1,612 h.	301 ch.

TOTAL du corps d'observation des Pyrénées occidentales. . .	formant 19,096 h.	1,881 ch.

Corps d'observation des Pyrénées orientales.

DUHESME, GÉNÉRAL EN CHEF.

FABRE, colonel, chef d'état-major, comm. l'artillerie.
MÉNARD, capitaine, commandant le génie.

Première Division.

CHABRAN, général de division.

Généraux de brigade. . . | GOULAS. NICOLAS.

7e de ligne.	1er bat. 2e *id.*	1,786 h.
16e *id.*	3e *id.*	789
2e suisse.	3e *id.*	580
2e de ligne.	3e *id.*	610
37e *id.*	3e *id.*	656
56e *id.*	4e *id.*	813
93e *id.*	3e *id.*	792
TOTAL.	8 bat.	6,026 h.

Deuxième Division.

LECCHI, général de division.

MILOSSEWITZ, général de brigade.

1er régiment de ligne napolitain.	1er bat. 2e *id.*	1,944 h.
Vélites royaux italiens.	1er *id.*	519
2e de ligne italien.	2e *id.*	240
4e . . . *id.*	3e *id.*	587
5e . . . *id.*	2e *id.*	808
TOTAL.	6 bat.	4,598 h.

Cavalerie Française.

BESSIÈRES, général de brigade.

3e rég. provisoire de cuirassiers.	409 h.	420 ch.
3e . . . *id.* . . . . de chasseurs.	416	411
TOTAL. 4 esc.	825 h.	831 ch.

Cavalerie Italienne et Napolitaine.

SCHWARTZ, général de brigade.

Chasseurs du prince royal italien.	504 h.	448 ch.
2e de chasseurs napolitains. . . .	388	390
TOTAL.	892 h.	838 ch.

Artillerie et Génie.

	h.	ch.
Compagnie du 2e d'artillerie. . .	114	82
6e bataillon *bis* du train. . . .	87	178
11e compagnie d'artillerie à pied italienne.	85	
Train d'artillerie de la garde royale italienne.	70	104
TOTAL.	356 h.	364 ch.

TOTAL du corps d'observation des Pyrénées orientales. . . .	formant 12,724 h.	4,685 ch.

Garde Impériale.

DORSENNE, GÉNÉRAL DE BRIGADE.
FRIEDERICHS, *idem*.

	h.	ch.
1er régiment de fusiliers.	1,570	
2e . . . . . *id.*	1,400	
Marins de la garde (*l*).		
Dragons.	262	230
Chasseurs à cheval et Mameluks.	321	303
Gendarmerie d'élite.	304	295
Chevau-légers polonais.	737	729
Chevau-légers du grand-duché de Berg.	148	124
Artillerie à pied.	409	
Artillerie à cheval.	345	326
Train d'artillerie.	827	1,293
TOTAL. 4 bat. 9 esc.	6,412 h.	3,300 ch.

Notes.

(*a*) On a compris dans cet État les malades, les ouvriers des régimens et les hommes détachés pour un service quelconque.

(*b*) On a compris sous le nom de *disponibles* les officiers-généraux qui étoient à la suite de l'état-major, prêts à être employés pour commander des troupes, des places ou des provinces.

(*c*) Le premier corps d'observation de la Gironde a pris le nom d'armée de Portugal, en arrivant à Lisbonne.

(*d*) Les bataillons de l'armée de Portugal avaient neuf compagnies. Le décret impérial, qui réduit les bataillons d'infanterie à six compagnies, est du 18 février 1808, et par conséquent postérieur à la formation des deux corps d'observation de la Gironde, et du corps d'observation des côtes de l'Océan.

(*e*) On n'a pas compris dans cet état le matériel de l'artillerie. Les Français ont été d'emblée maîtres des canons, des boulets, des balles et des poudres que renfermaient tous les arsenaux du Portugal et la plus grande partie de ceux d'Espagne. Le nombre des bouches à feu et la quantité des munitions conduites à la suite des troupes, ont été déterminés, pour chaque opération, sur la nature des obstacles de tout genre qu'on devait rencontrer, et sur les moyens d'attelage dont on pouvait disposer.

(*f*) Les bataillons des cinq légions de réserve créées en 1807 et recrutées avec les conscrits de 1808, étaient de huit compagnies. Ils n'avaient ni grenadiers ni voltigeurs.

(*g*) Les régimens provisoires de la cavalerie du deuxième corps d'observation de la Gironde, du corps d'observation des côtes de l'Océan, et des corps d'observation des Pyrénées occidentales et orientales, étaient formés de compagnies tirées des dépôts de tous les régimens de cavalerie de France.

(*h*) Les bataillons des régimens provisoires d'infanterie des corps d'observation des côtes de l'Océan et des Pyrénées occidentales, étaient composés chacun de quatre compagnies prises dans les dépôts des régimens d'infanterie.

(*i*) Les bataillons et les escadrons de marche des armées d'Espagne étaient composés non-seulement de compagnies, mais encore de détachemens pris en France dans les dépôts des régimens d'infanterie ou de cavalerie.

(*k*) On appelait régimens supplémentaires ceux formés momentanément des bataillons qui allaient rejoindre au deuxième corps d'observation de la Gironde, les légions de réserve dont ils faisaient partie.

(*l*) Les marins de la garde impériale ne sont portés que pour mémoire à l'état de la garde, parce qu'ils se trouvent compris dans l'état de la première division du deuxième corps d'observation de la Gironde.

(*m*) Dans le total des chevaux, se trouvent compris les chevaux de la cavalerie, de l'artillerie, ceux du train d'artillerie et des bataillons des équipages militaires, et ceux de l'entreprise Julien, déduction faite des hommes.

Récapitulation des Armées Françaises dans la Péninsule Espagnole

AU 1er JUIN 1808.

…corps d'observation de la Gironde.	24,978 h.	1,771 ch.
…e corps d'observation de la Gironde.	24,428	4,050
…observation des côtes de l'Océan.	19,341	3,860
…'observation des Pyrénées occidentales.	19,096	1,881
…bservation des Pyrénées orientales.	12,724	2,083
…périale.	6,412	3,300
Total.	116,979 h.	16,895 ch.
…ant les troupes entrées en Espagne du 1er juin au 15 août 1808, suivant l'état sommaire ci-joint.	44,374	4,085
Total général.	161,353 h.	21,580 (*m*).

État sommaire des troupes dirigées vers l'Espagne au 1er juin 1808,

ET QUI ONT PASSÉ LES PYRÉNÉES AVANT LE 15 AOUT DE LA MÊME ANNÉE.

Quatre bataillons de marche français et trois régimens de la Vistule, chacun de deux bataillons, envoyés devant Sarragoce.	6,232 h.	ch.
Détachemens de conscrits de 1809, destinés aux régimens provisoires.	356	
Troupes portugaises devant Sarragoce.	609	
Division commandée par le général Mouton, composée du 4e léger et du 15e de ligne, chacun de deux bataillons, et d'une partie de la garde de Paris.	3,906	
Gardes nationales des 10e et 11e divisions militaires employées devant Sarragoce.	1,200	
Réserve de bataillons arrivés des dépôts de l'intérieur et réunis à Bayonne, sous les ordres du général Graudjean.	7,659	
Régimens et bataillons d'infanterie en marche pour rejoindre les différens corps d'armée.	8,193	
Troisième division du corps d'observation des Pyrénées orientales, rassemblée à Perpignan, sous les ordres du général Reille, formée de troupes toscanes et des compagnies de réserve du midi.	8,687	562
Réserve des troupes italiennes et napolitaines, formée à Perpignan, sous les ordres du général Chabot.	2,667	
Escadrons de marche, lanciers de la Vistule, cavalerie de la garde impériale.	3,911	
Troupes d'artillerie.	851	3,373
Troupes du génie.	101	150
Total.	44,374 h.	4,085 ch.

IMPRIMERIE DE J. TASTU.

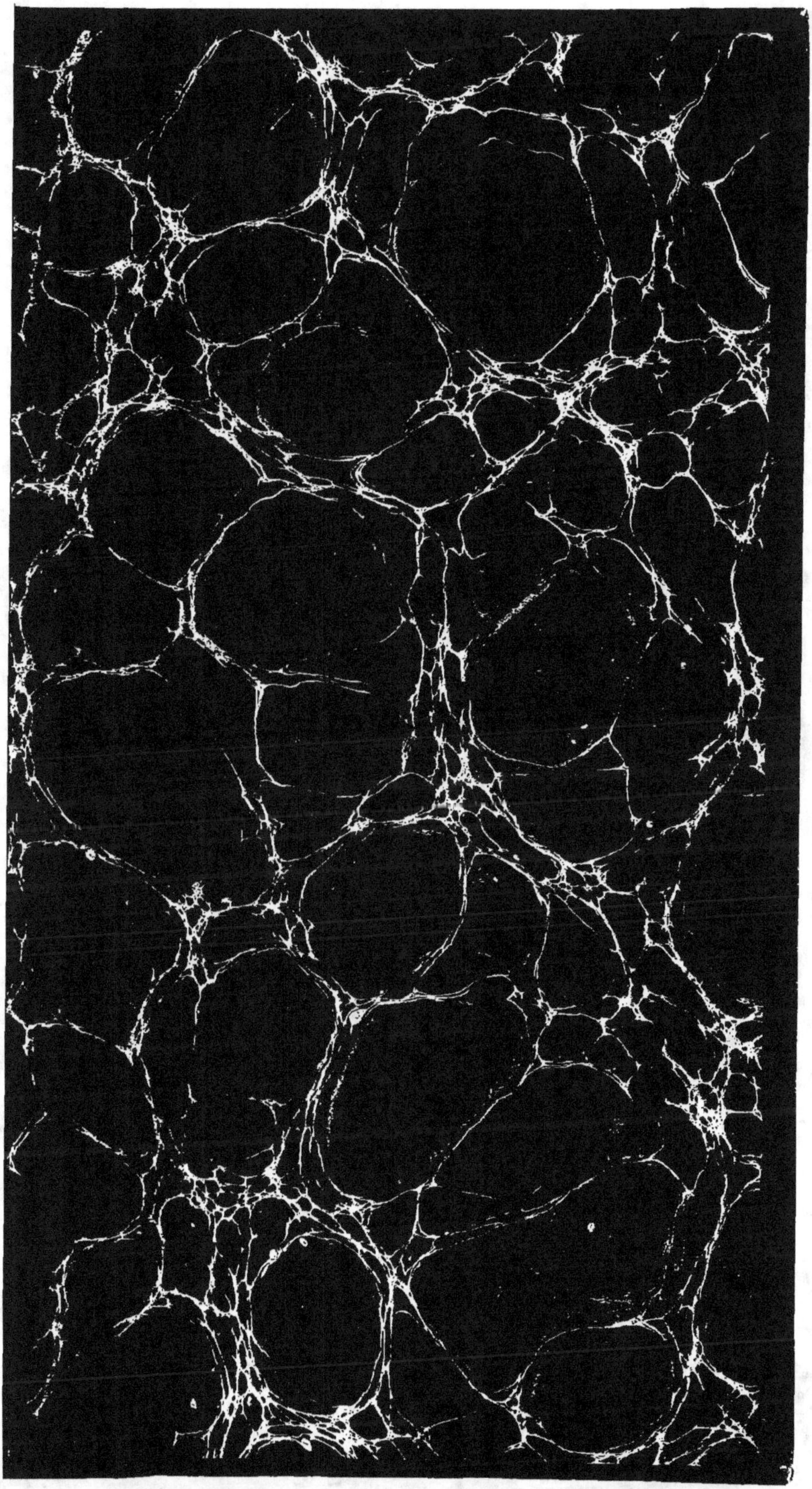

www.ingramcontent.com/pod-product-compliance
Lightning Source LLC
Chambersburg PA
CBHW052036230426
43671CB00011B/1679
* 9 7 8 2 0 1 9 5 7 1 8 6 3 *